Frank Harald Maier

"Liebe Pfarrgemeinde..." - Leitgedanken durch das Kirchenjahr

Frank Harald Maier

"Liebe Pfarrgemeinde..." - Leitgedanken durch das Kirchenjahr

Für das kirchliche Lesejahr A

Fromm Verlag

Imprint

Publisher:
Fromm Verlag
is a trademark of
International Book Market Service Ltd., member of OmniScriptum Publishing Group
17 Meldrum Street, Beau Bassin 71504, Mauritius

Printed at: see last page
ISBN: 978-613-8-34938-9

Inhalt

EIN WORT ZU BEGINN

"Liebe Pfarrgemeinde..."
So beginnen jeweils die Leitgedanken des Wochenpfarrbriefs, der Woche für Woche die Bewohner der Seelsorgeeinheit des Oberen Wolftals erreicht, einer romantischen, waldreichen Schwarzwaldgemeinde zwischen den Höhen des Kniebis und dem Kinzigtal.
Ich bin überrascht, wie sehr diese wöchentlichen Gedanken Beachtung finden, gerade auch von Menschen, die nicht zum direkten Kreis der Kirchengemeinde gehören oder von Gläubigen, die den Gottesdienst nicht mehr besuchen oder am aktiven Gemeindeleben teilnehmen können. So wurde ich angefragt, diese Gedanken doch einem breiteren Publikum zugänglich zu machen und diese geistigen Anstöße zu Beginn einer jeden Woche im Laufe des Kirchenjahres für einen weiteren Kreis zu öffnen. Diese Gedanken und Impulse sind nicht auf das Gebiet des Oberen Wolftales beschränkt, vielmehr wollen sie grundsätzlich in das Leben und die Herausforderungen unseres Alltags hineinsprechen. Es sind dies nicht nur biblische Impulse zu den Evangelien des jeweiligen Sonntags, die in der katholischen Kirche in drei Lesejahre aufgeteilt werden, (A, B und C) und so jährlich wechselnd eine breitere Vielfalt an Lesungen aus der Heiligen Schrift ermöglichen; auch kirchliche Bräuche und Traditionen der jeweiligen Jahreszeit, Ereignisse und Themen aus Politik, Gesellschaft und Kirche und so manche Begebenheiten finden darin Einzug und werden im Licht des kirchlichen Glaubens und christlichen Lebens gedeutet.

Die Leitgedanken in diesem Buch betreffen zunächst das kirchliche Lesejahr A und nehmen an einigen Stellen auf das jeweilige Sonntagsevangelium Bezug, das in den Sonntagsgottesdiensten in dieser Leseordnung des Kirchenjahres gelesen und gehört wird. Das gibt dem Leser die Möglichkeit, sich im Lauf eines Kirchenjahres nach der sonntäglichen Leseordnung in den Gottesdiensten am Beginn einer jeden Woche mit einem Impuls einzustimmen und Gedanken für die jeweilige Zeit mitzunehmen.

Vielleicht wird man überrascht sein, dass die Reihe der Leitgedanken mit dem 1. Advent und nicht mit dem Jahresanfang beginnt. Das liegt daran, dass das Kirchenjahr mit dem Christkönigssonntag endet und mit dem 1. Advent neu beginnt.
Doch sind die Leitgedanken durchaus nicht aufeinander aufgebaut und müssen so nicht unbedingt der Reihe nach gelesen werden. Eine Inhaltsangabe am Ende des Buches mit Angaben der jeweiligen Zeit im Kirchenjahr und des dazugehörenden Sonntagsevangeliums und ein alphabetisches Schlagwortverzeichnis erlaubt es auch zu einzelnen Evangelien, politischen, gesellschaftlichen oder kirchlichen Themen sowie zu Bräuchen, Gegebenheiten oder Ereignissen jeweilige Betrachtungen zu finden, die dann zum jeweiligen Anlass oder zur entsprechenden Zeit zur Besinnung einladen.

So fühlen auch Sie sich gerne sehr herzlich angesprochen und gegrüßt als Teil einer großen "Pfarrgemeinde", die - wo auch immer - in der liebenden Gemeinschaft Gottes verbunden ist und von seinem berührenden Wort getragen wird.
Möge Ihnen diese wöchentlichen Gedanken mit meinem herzlichen Segenswunsch durch Ihren Alltag leuchten und innere Kraft und Bestärkung schenken.

Liebe Pfarrgemeinde....

Ihr

Der Advent

1. Adventswoche

Liebe Pfarrgemeinde!

Mit dem 1. Adventssonntag haben wir nun endgültig unser altes Kirchenjahr abgeschlossen und treten ein in den weihnachtlichen Festkreis unseres neuen Kirchenjahres.
Für nicht wenige Menschen zählt ja der Advent als Zeit der Vorbereitung auf das Weihnachtsfest zu den schönsten Zeiten des Jahres, nicht zuletzt wegen der starken Lichtsymbolik, die in diesen Tagen eine so große Rolle spielt.
Dazu zählen besonders auch die beliebten Rorate-Messen, die nur bei Kerzenschein gefeiert werden und seit Ende des 15. Jahrhunderts belegt sind.
Bei ihnen, wie auch bei den anderen großen Symbolen dieser Zeit, wie dem Adventskranz oder den beliebten Lichterpyramiden, reicht die Lichtsymbolik weit über eine reine Kerzenscheinromantik hinaus, vielmehr vermittelt sie eine theologisch-geistliche Botschaft:
Das Dunkel veranschaulicht die Finsternis der noch gefallenen und unerlösten Welt. Es zeigt, wie sehr der in der Dunkelheit gefangene Mensch noch in Angst und im Bösen verstrickt, auf das "Licht zur Erlösung der Heiden" (Lk 2,32) wartet und sich danach sehnt. Zugleich wird in den Kerzen bereits deutlich, was der Johannes-Prolog am Weihnachtstag in vollem Licht ankündigen wird: "Das Licht leuchtet in der Finsternis" (Joh 1,5). Der schwache Lichtschein der Kerzen im Dunkeln deutet schon an: diese Finsternis hat nicht das letzte Wort, denn "schon bald leuchtet auf der Tag unserer Erlösung" (Adventspräfation); das Licht Christi naht, es wird aufstrahlen in der heiligen Nacht und als Stern über den Fluren Betlehems als kosmischer Wegweiser über uns aufgehen!
Auf dieses kommende Licht Christi weist uns der Kerzenschein bereits hin.
Und so ist der Adventskranz und die Rorate-Messe nicht nur eine besonders das Gemüt ansprechende Gestaltung dieser Zeit, sondern vor allem in der Lage, uns in einer klugen Pädagogik mitzunehmen in die Tiefe der Botschaft dieser Tage:
Aus der sichtbar dargestellten Situation einer ins Dunkel gefallenen und verlorenen Welt ohne Gott gestärkt zu werden mit der starken Hell-Dunkel Symbolik in unserer Sehnsucht nach dem Licht Christi, nach seiner heilbringenden Ankunft und Gegenwart. Noch ist der Schein ganz schwach, zaghaft und anfanghaft. Aber er deutet uns an, was uns am Weihnachtstag in der Fülle geschenkt werden wird: alles Dunkel und alle Gottferne wird vernichtet sein und aufbrechen unter seinem Licht!
Feiern Sie in diesem Sinne diese Tage mit und lassen Sie sich hineinnehmen in die große Bedeutung dieser heiligen Zeit, so dass diese kurzen Wochen uns gut mitnehmen zu dem Fest, das uns so im Herzen steht: einer tiefen und wirklichen Weih-Nacht!

2. Adventswoche

Liebe Pfarrgemeinde!

Mit dem ersten Adventssonntag haben wir nun das alte Kirchenjahr hinter uns gelassen und sind mit der Adventszeit in einen neuen Abschnitt eingetreten,
und der Einzugspsalm des zweiten Adventssonntags möchte uns ganz die Hoffnung dieser Zeit eröffnen:
„Der Herr wird kommen, um die Welt zu erlösen – Volk Gottes, mach dich bereit. Höre auf ihn, und dein Herz wird sich freuen!“
Was hier so verheißungsvoll anklingt, das wird uns in der Jesajalesung ganz deutlich gemacht: Er kommt als Friedensstifter aus der „Wurzel Jesse“, aus dem Stamm Davids, und was so unheilvoll in dieser Welt noch nach Erlösung ruft, das wird in Ihm seine Vollendung finden. Dass diese Vollendungshoffnung keine Utopie ist, das ruft uns jene gewaltige Stimme in der Wüste zu, die die Adventszeit jedes Jahr besonders prägt: Johannes der Täufer.
Die Hoffnung, die verheißen ist, sie ist nicht ein Wunschgebäude in ferner Zukunft, sie ist uns ganz nahe. Darum „kehrt um, öffnet Euch für sein Kommen!“.
Es ist vielleicht daher gar nicht ohne Grund, dass gerade in dieser von Hoffnung und Erwartung geprägten Zeit Papst Benedikt XVI. eine seiner Enzyglika eben diesem Thema geweiht hat. Nach dem breitgefächerten Schreiben „Deus Caritas est“ über die Liebe, hat er sich hier jetzt der Tugend der Hoffnung gewidmet, die in uns alle anderen Tugenden erst wachzurufen vermag, denn wer nicht mehr zu Hoffen vermag, der verzweifelt.
Dass wir keinen Grund zur Verzweiflung haben und unsere Hoffnung begründet ist, das möchte uns nicht nur dieses Lehrschreiben, sondern auch unser zweiter Adventssonntag aus der Kraft Christi erschließen.
Ihnen eine gesegnete und hoffnungsfrohe zweite Adventswoche!

Rorate

Liebe Pfarrgemeinde!

Wieder beginnen in diesen Tagen des Advents unsere beliebten Rorate-Ämter, die wir seit einigen Jahren nach langer Pause wieder einführen konnten. Es ist schon eine ganz eigene Stimmung, wenn unter dem Klang des Einzugsverses "Tauet Himmel den Gerechten" - wovon ja der Name "Rorate" kommt - in der nur von Kerzen beleuchteten Kirche im Anbrechen des Morgens oder im Dunkel des Abends die Marienmesse gefeiert wird. Immer mehr Gläubige bei uns haben diese Messe für sich entdeckt, so dass von Jahr zu Jahr ihre Zahl gewachsen ist und wir wirklich in den drei Adventswochen eine ganz große "Rorate-Gemeinde" geworden sind, wobei in Schapbach auch das anschließende Frühstück zur Belebung beigetragen hat! Ein ganz herzliches Vergelt's Gott an dieser Stelle auch an alle, die in diesen Wochen wieder den Saal richten und in aller "Herrgotts-Frühe" alles vorrichten oder die Feier mitgestalten!

Der Ursprung der Rorate-Ämter bilden eigentlich die altchristlichen "Lucernarien" - d.h. abendliche Lichtfeiern der frühen Christen, in der das brennende Licht gesegnet wurde. Auch unser neues Gotteslob hat dieses "Lucernarium" als Lichtsegnung wieder entdeckt und es im Zusammenhang mit der Vesper oder dem liturgischen Abendlob wieder aufgegriffen (s. Nr. 938). Als eigentlicher liturgischer Ort ist es bis heute in der Feier der Osternacht erhalten geblieben, wo ja ebenfalls das Feuer und das Licht gesegnet wird.

Aber auch in unseren Rorate-Messen reicht ja die Lichtsymbolik weit über eine bloß idyllische Kirchenscheinromantik hinaus:

In dem fast vollständig dunklen Kirchenraum wird uns in dieser Finsternis die noch nicht ganz erlöste Menschheit, das Dunkel der Welt und ihre Schattenseiten bewusst; die alte Welt, die von Christus noch nicht erfasst ist und auf Seine Ankunft wartet. Gleichzeitig aber ereignet sich in der Rorate-Feier das, was der Evangelist Johannes am Ende des Weihnachtsevangelium verheißt mit den Worten: "Licht leuchtet in der Finsternis" (Joh 1,5). In den schimmernden Schein der Kerzen ist angedeutet, dass die Finsternis eben nicht das letzte Wort hat, denn: "schon bald leuchtet der Tag unserer Erlösung auf, das Licht Christi und unserer Erlösung naht; es wird aufstrahlen in der Heiligen Weihnacht und als Stern über den Fluren Betlehems als kosmischer Wegweiser für die Weisen aus dem Morgenland" (D. Eichhorn).

Irgendwie spüren wir dies alles, und noch mehr, neben dem gemütvollen dieser Stunden, wenn wir uns im Dunkel der Nacht zur Messe aufmachen und dort den schimmernden Glanz der Altäre und das Weiß der Hostie erblicken: es sind Stunden einer tiefen inneren Vorfreude auf das, was kommt: Der Herr will unter uns Mensch werden, um uns frei zu machen und das Licht unseres Lebens zu schenken!

Freuen Sie sich wieder auf "Rorate"!

3. Adventswoche

Liebe Pfarrgemeinde!

Mit dem 3. Adventssonntag treten wir ein in die "heiße Phase" der Weihnachtsvorbereitungen - die Zeit drängt, das Christfest rückt näher, und so laufen die letzten Erledigungen auf Hochtouren und alles kommt so richtig in Hochspannung.

Auch die Liturgie der Kirche kennt solche "heißen Phasen" vor den großen Ereignissen der Hochfeste: die letzten Tage der Vorbereitung, an denen sich die vorbereitende Stimmung verdichtet und alles auf das nun bald Kommende zustrebt. Nur ist die Ausrichtung hier eine etwas andere. Nicht Betriebsamkeit und äußere Hektik, nicht stressiger Umtrieb und Torschlusspanik, kein "alles-noch-bald-fertigmachen-wollen" prägt die kirchliche Liturgie, sondern vielmehr innere Vorfreude, gesammelte Spannung, geballtes bewusst-werden auf das Kommende und zunehmende Stille führt in die Tiefe des Festgeheimnisses, auf das wir uns so nahe zubewegen.

Ganz in diesem Sinne eröffnet die Kirche ihre letzte Phase mit dem 3. Adventssonntag in ihrem Ruf "Gaudete". Der Ernst der Adventszeit wird kurz unterbrochen und alles ist auf den Ton richtiger Vorfreude gestimmt. "Freut Euch!" will sie allen zurufen - und freudig dürfen die lilanen Gewänder etwas heller sein, die Orgel kann etwas lauter ihr frohes Lied erklingen lassen, die Texte sind jubelnd und die Altäre geschmückt.
Noch einmal herrscht richtige Vorfreudenstimmung, bevor dann aber die 3. Adventswoche in die feierliche Stille geht.
"Quatembertage" nennen wir die Tage ab dem Mittwoch, an denen besonders der Bußgedanke im Vordergrund steht und ab dem 17. Dezember stimmen uns dann die sehr hymnisch gehaltenen Texte und besonders die "O-Antiphonen" (Rufe, die jeden Tag mit "O" beginnen) still-feierlich auf das Fest ein. Und wie Glanzpunkte auf dem Vorbereitungsweg leuchten immer wieder die Rorateämter auf, die mit ihrem Ruf des "Tauet Himmel" die Gottesmutter besingen, die so offen und empfänglich den Friedensfürst in ihr Herz und damit in die Welt getragen hat.

Vielleicht kann uns ja der Grundgedanke der Liturgie in diesem Jahr etwas inspirieren, einmal einen anderen Blick auf die Vorbereitungszeit des Weihnachtsfestes zu lenken: in innerer Vorfreude und stillem Überdenken des eigentlichen Festgeheimnisses uns auf diese Tage zuzubewegen - zumindest von Zeit zu Zeit...
In diesem Sinne wünsche ich Ihnen von Herzen eine gesegnete Vorbereitungszeit auf das kommende Fest!

4. Adventswoche

Liebe Pfarrgemeinde!

Kurz vor dem Weihnachtsgeschehen erreicht Sie nocheinmal ein adventlicher Gruß, der mit dem 4. Advent die direkte Vorbereitung auf das Ereignis der Menschwerdung hinweist.
Nicht nur, dass wir in unserem Alltagsleben in die "heiße Phase" der Weihnachtsvorbereitungen stehen, auch liturgisch ist diese Zeit wenige Tage vor dem Heiligen Abend ganz eigen geprägt: Die Gebete und Texte sind für jeden Tag eigens abgestimmt - andere dürfen nicht genommen werden - die Antiphonen des Breviergebetes beginnen jeweils an den 6 Tagen vor Heilig Abend mit dem Ausruf "O" und werden deshalb "O Antiphonen" genannt und auch die Vorgabe besteht, die Gottesdienste in "äußerster Schlichtheit" zu begehen.
Je hektischer und umtriebiger es draußen zu werden scheint, desto stiller und schlichter wird es in der Liturgie - ein wohltuender Ausgleich, bei all dem Trubel wirklich in die Ruhe kommen zu können und eine innerliche Sammlung zu verspüren, die auf das Wesen hinweist, auf das wir uns zubewegen: ein Geheimnis, das so unerkannt und still in unserer Welt Einzug gefunden hat, ganz verborgen und unscheinbar begonnen hat, aber so gewaltig und umspannend das ganze Weltgeschehen erschüttert und die Menschheit überwältigt hat.
IMMANUEL - Gott mit uns, das ist die Botschaft, die in diesen Tagen sachte immer lichter durchdringt, bis am Weihnachtstag dieses Ereignis wirklich in vollem Festglanz und feierlicher Jubelstimmung laut und hell erklingen kann.

Dass auch Ihnen diese Tage auf Weihnachten hin zu Tagen der frohen und stillen Erwartung werden dürfen und Sie auch trotz der notwendigen äußeren Vorbereitung ein wenig der inneren Ruhe erfahren dürfen, wünsche ich Ihnen allen von Herzen!

WEIHNACHTSZEIT

Hl. Abend - 24. Dezember

"Ein Licht strahlt auf über uns - denn uns ist ein Kind geboren! Ein Sohn ist uns geschenkt!"

Viel zu schnell einerseits scheint die Zeit auf das Weihnachtsereignis hin zu verfliegen, so geballt und gedrängt stehen viele Aufgaben und Termine an, so dass man noch gerne mehr Zeit und Raum hätte, alles vorgenommene auch in Ruhe erwirken zu können - andererseits kann man es kaum erwarten, dass all die Vorbereitung und die Zurüstung für die Tage der Familie und der Verwandtschaft ihren Höhepunkt finden und man sich nach den Tagen beruhigt zurücklehnen kann.

Es kommt alle Jahre wieder, das Ereignis der Heiligen Nacht und der Weihnacht - und jedes Jahr ist es doch auch wieder anders und neu, jedes Jahr wieder eine ganz eigen geprägte und besonders gestimmte Zeit - und das auch zurecht!

Irgendwo steckt es in uns, dieses Bewusstsein, dass es mit diesem Ereignis etwas besonderes auf sich hat, und auch wer sich nicht besonders religiös geben will, den überkommt in diesen Tagen doch dieses sonderbare Empfinden einer unausgesprochenen und tief innewohnenden Ahnung eines Friedens und einer Verbundenheit, die mit rein rationalen und sozio-gesellschaftlichen Umständen nicht zu erklären ist.

Dass Gott ein Mensch geworden ist, ist eine tief empfundene Zusicherung, dass diese Welt - so grausam und dunkel manches in ihr ist - ein großes Heil in sich trägt! Diese Welt - und der Mensch in ihr - vermag im wahrsten Sinne des Wortes "heil" zu sein: aus dem Licht Gottes heraus und seiner Gegenwart wird um ihn alles gerecht, wahr und friedvoll. Und so sehr wir Menschen es noch nicht in der Vollendung erfahren und leben können - so ist uns durch die Menschwerdung Gottes doch in unser Erdenherz gelegt worden, dass uns dieses Heil besucht hat und in uns wohnt! Wie sehr wünschen wir, dass es doch auch immer mehr um sich greife - vor allem in den so bedrängten und verwirrten Gebieten der Auseinandersetzungen Palästinas oder der bedrohten Plätze Afghanistans.

Ihnen, liebe Pfarrgemeinde, Ihren Familien und die Ihnen nahestehen, wünsche ich von Herzen dieses tiefe Erfahren ungetrübter und stiller Freude des zu uns gekommenen Heiles und Ihnen allen ein erfülltes und tiefes Erleben dieser Hl. Nacht!

1. Weihnachtstag 25. Dezember

"Ein Kind ist uns geboren, ein Sohn ist uns geschenkt! Man nennt ihn: wunderbarer Ratgeber, starker Gott, Friedensfürst!"

Liebe weihnachtliche Gemeinde!

Was ist die Geburt eines Kindes nicht ein freudiges Ereignis!
Besonders in diesem Jahr ist dieser Freudenruf ja in so viele Familien erklungen - und wir dürfen uns mit ihnen wirklich darüber freuen, dass in unseren Gemeinden so viele Kinder in diesem Jahr geboren und getauft werden durften! "Kinder sind unsere Zukunft" - so sagt man doch gerne! Und tatsächlich: ohne Kinder würden wir aussterben!
Doch ein besonderes Geburtsfest erreicht uns jedes Jahr - und diese Geburt unterscheidet sich doch auch noch einmal von der großen Freude über unsere Kinder hier im Tal:
es ist nicht das Kind seiner Eltern und einer bestimmten Familie, es ist zum Kind für uns alle geworden: Einem jeden möchte es begegnen und eine neue Welt begrüßen! Eine Erde, die durch dieses Kind ganz neu geworden ist und anders, denn es kommt aus einer ganz anderen, ewigen Welt in die unsere hinein und macht damit unsere Welt neu und lebendig!
Wenn schon jedes neugeborene Kind unser Herz verändert, es im ureigentlichen Sinn neue Lebens- und Zukunftshoffnung schenkt und uns so freudig belebt - um wieviel mehr dann dieses universale Kind Gottes, das aus Seiner Ewigkeit in unsere Welt hineinspricht und uns die Zusage seiner Liebe bringt!
Es hilft uns vor dem Aussterben! Nicht nur dem demographischen sondern besonders und eigentlich vor dem seelischen Aussterben in einer kalten und zufälligen Welt in der Weite eines unbewohnten und lebenslosen Alls. Ohne dieses Kind wären wir ein beliebiges Zufallsprodukt des Urknalls, dem keinerlei Bedeutung beizumessen wäre und irgendwann auch der kosmischen Vernichtung anheim fiele!
Mit ihm sind wir Ebenbilder eines Gottes, der unserem Leben einen solch hohen Wert beimisst, dass Er sich sogar uns zu eigen macht und unsere Lebenshoffnung mit der Seinen verbindet; dass wir dort sein dürfen, wo Er ist hier auf Erden und einmal dort im Himmel!

Mit diesem kleinen Gedanken sende ich Ihnen, liebe Pfarrgemeinde, von Herzen die tiefe und ergreifende Hoffnungsfreude dieser Tage und meine innigsten Segensgrüße in Ihr Heim,
und wünsche Ihnen allen das bestärkende und erfüllende Erleben dieser gesegneten Weihnachtstage!

Neujahr - 1. Januar

Liebe Pfarrgemeinde!

Hl. Nacht - Neujahr - Dreikönig -
mit diesen drei großen Schritten begehen wir den Übergang von unserem alten in das neue Jahr!
Dass gerade diese drei Festereignisse unseren Jahreswechsel so prägen, macht das christliche und das eigentliche unserer Kultur aus; es zeichnet die Art aus, wie wir feiern, es bestimmt die Weise, wie wir unsere Umgebung zieren, es beeinflusst auch uns selbst, wie wir uns in diesen Tagen verhalten und es verleiht diesen Tagen eine ganz eigene Stimmung.
Und obwohl viele äußere Zeichen darauf hindeuten - für viele bleibt das Grundereignis dieser Tage eher verborgen oder ist gänzlich verloren gegangen - man feiert und macht eben mit, greift das äußere Gestalten auf, aber in einer Art romantischer Winterstimmung, bei der das Eigentliche unbekannt zu bleiben scheint. Da ist der Schritt natürlich nicht mehr weit, das Weihnachtsfest in eine Art "Jahresendfeier" umzugestalten.
Und dennoch lässt irgendwo alle diese tief innen wohnende Ursehnsucht nach dem verborgenen und besonderen "Etwas" dieser Zeit nicht los: Weihnachtserzählung und Kerzenschein, Krippe mit Kind und Weihnachtsmesse, die besonderen Lieder und alpenländische Weihnachtsweisen.
Weihnachten berührt, weil seine Botschaft eben so unglaublich und zauberhaft einerseits, aber so unverrückbar und tragend andererseits ein für alle mal in den Herzen steht: In der Mitte der Nacht ist uns das Kind geboren, das uns den Himmel geöffnet und uns den Frieden geschenkt hat! Das zauberhafte Licht der Krippe strahlt uns hinein in das Neue Jahr - und lädt uns ein, wie die drei Weisen aus den verschiedenen Ländern dieser Erde hinzugehen und dieses Leuchten zu bestaunen!
Es ist aber erst diese Grundbotschaft des Lebens, dass Gott selbst uns in diesem Kind entgegengekommen ist und uns begleitet, die diese Weihnachtstage erst echt und tragbar macht!
So wirkungsvoll manche Zierde dieser Tage sein mag, ohne die Botschaft des Evangeliums werden alle Jahresendfeiern - und damit auch das Gehen in das Neue Jahr - zu einem hohlen Festgehopse, bei dem nur der schale Geschmack der Leere zurückbleibt und man sich bitter fragt, was das alles gewesen sein soll.

Wir lassen uns auch in diesem Jahr wieder von der eigentlichen Botschaft berühren und gründen -
und ich wünsche Ihnen von Herzen einen mutigen und hoffnungsstarken Schritt in dieses Neue Jahr!

Erscheinung des Herrn - Dreikönig - 6. Januar

Liebe Pfarrgemeinde!

Ein neues Jahr hat begonnen - und so seien Sie mit einem sehr herzlichen Willkommens - und Segenswunsch begrüßt zu unserem Neuen Jahr!
Ein weiter Weg liegt noch vor uns, bis auch dieses Jahr wieder seinem Ende entgegengehen wird - und wiewohl so manche Ereignisse schon bekannt auf uns warten, wir uns vielleicht auf so manches Jubiläum oder so manche Feierstunde in freudiger Vorerwartung schon innerlich Vorbereiten und wir so einige Termine sicher schon in unseren Kalender eingetragen haben - letztendlich liegt alles noch unbekanntermaßen vor uns und all diese Wege müssen erst noch eingeschlagen und beschritten werden!
Da ist es vielleicht gerade zu Beginn des Jahres ein schönes Sinnbild, wenn wir mit dem 6. Januar ein Ereignis feiern, das genau das auch ausdrückt:
drei Menschen sind aufgebrochen auf einen Weg, der noch unbekannt und ganz offen vor ihnen lag, der sich ihnen aber verheißungsvoll erschloss, weil ihnen ein Zeichen geschenkt wurde, das ihnen bereits die große Erfüllung dieses Weges ahnend anzeigte: Ein Stern ging ihnen auf und zog vor ihnen her, bis zu dem Ort, an dem sich dieses Zeichen als überraschende Botschaft offenbarte!
Unsere drei Sternfolger haben sich auf das Abenteuer des Weges eingelassen und wurden hingeführt zum Beginn eines großartigen neuen Aufbruches, der nicht nur ihr eigenes Leben, sondern das der Welt verändern sollte! Das Ziel ihrer Reise war nicht der Endpunkt einer großen Verheißung, sondern der Beginn eines neuen, aufbrechenden und blühenden Lebens: ein Kind, das anzeigt, dass alles Leben letztendlich immer neu Aufbruch und Neubeginn ist und ein innerliches Wachsen und ein Weg niemals abgeschlossen ist, es aber getragen und erfüllt ist von der begleitenden Macht und Kraft des sichtbargewordenen Gottes!
Dieser Stern ist uns auch über unserem Neuen Jahr aufgegangen, liebe Pfarrgemeinde, und er wird uns den Weg durch dieses Jahr führen zu einem Ziel, von dem wir noch nicht genau wissen, wie es sein uns ausschauen wird, dessen Verheißung aber uns schon jetzt geschenkt ist: eine Erfüllung unserer Ereignisse und Begebenheiten im Licht eines ursprünglichen Glaubens, der uns anzeigt, welch tiefer Sinn in allem Gewesenen innewohnt und wie gehalten und umfasst alles letztendlich von Gott ist.

In diesem Sinne wünsche ich Ihnen allen ein frohes und leuchtendes "Erscheinen des Herrn"!

Taufe des Herrn - Sonntag nach Erscheinung des Herrn

Liebe Pfarrgemeinde!

Getauft sein - das gilt ja heute gemeinhin in unseren Breiten nicht mehr als eine Selbstverständlichkeit. Und auch selbst bei manchen, die heute bereits getauft sind scheint das keine besondere und ausdrückliche Rolle mehr zu spielen. Was macht es in einem Leben einen Unterschied, getauft zu sein? Zeigt sich das in irgendeiner Weise und lassen sich Getaufte von Ungetauften sichtbar unterscheiden?
Dass man mit der Taufe kein sichtbares Erkennungsmerkmal auf den Leib geschrieben bekommt, ist klar. Und doch kann sich bei manchem schon die Frage stellen, warum man überhaupt ein Kind taufen lassen soll, wenn es doch keinen großen Unterschied zwischen getauft und ungetauft zu geben scheint: Gott liebt ja doch alle gleich und - sind wir nicht alle "Kinder Gottes"?
Wenn wir an diesem Sonntag die "Taufe des Herrn" feiern, dann scheint es mit der Taufe doch etwas besonderes auf sich zu haben, wenn sogar der Herr selbst daran teilnimmt. Die Taufe des Johannes hatte eine eigene Bedeutung, die mit diesem Fest zum beginnenden Jahr sehr gut einhergeht:
einen Neubeginn setzen! Neu anfangen! Sich ganz erneuern und sich der Zukunft Gottes neu ausrichten. "Umkehr" war bei Johannes das große Wort dafür, "Erneuerung" würden wir heute es eher nennen.
Dass Jesus selbst, als "Zukunft Gottes" sich taufen läßt, gibt dieser Handlung eine neue Dimension: es ist nicht mehr nur eine bloße Zeichengeste, ein Wunsch oder der äußere Ausdruck meines Vorhabens - es wird zu einer eigenen Wirklichkeit: die Erneuerung ist keine Absichtserklärung mehr sondern ist tatsächliche Wirklichkeit. Ich bin *durch die Taufe in Christus erneuert! Äußerlich geschieht mir durch die Taufe nichts, an dem man mich erkennen könnte, aber innerlich habe ich eine Prägung erhalten, die mich nicht mehr loslassen wird. Getaufte sollte man eigentlich an dieser Prägung erkennen: ihre Christus-Ähnlichkeit. Und die fällt natürlich mit der Taufe nicht einfach so in den Schoß, dass sie automatisch aufträte, ich muss sie - wie ein Dynamo - immer wieder antreiben und wie ein Federwerk aufziehen.*
Als Getaufte sind wir Christen, und als Christen eine Gemeinschaft, in der wir durch diese Taufe verbunden sind. Das ist unser "Aufzug": die Glaubensgemeinschaft, in der wir Christus bekennen, ihm nahe kommen und in seinen Sakramenten verbunden und gestärkt werden.
Vielleicht mag uns dieser Sonntag doch auch ein wenig stolz machen, so nah zu ihm dazugehören zu dürfen und uns ermutigen, unserer eigenen Taufe neu bewusst zu werden.

Ein gesegneten und erneuenden Weg weiter in unser Neues Jahr Ihnen allen!

DER BEGINN IM KIRCHENJAHR

Liebe Pfarrgemeinde!

Mit einem großen Sprung der Zeit wird uns an diesem Sonntag bereits der erwachsene Jesus mit dem Beginn seines öffentlichen Auftretens begrüßen!
Noch stehen wir ja ganz in dieser Stimmung unserer weihnachtlichen Erlebnisse; gerade eben scheint es uns, dass der 4. Advent vergangen, die Christmette und die Weihnachtsfeiertage gefeiert und das neue Jahr begonnen hat. Die Sternsinger mit ihrem Lied und dem Besuch an unserer Haustür sind gerade eben erst gegangen - und schon beschließen wir mit dem Fest der Taufe des Herrn nun wieder den Weihnachtsfestkreis und stehen liturgisch im neuen Jahreskreis.
Doch auch wenn der alten Tradition gemäß das weihnachtliche Empfinden ruhig bis weit in den Januar hinein weitergehen darf und erst mit Mariä Lichtmess seinen absoluten Schlusspunkt findet - so steigen wir mit diesem Sonntag nach den Feiertagen doch ein in das Neue und Beginnende, mit dem aber vieles seine gewohnte und alltägliche Gestalt wiederfindet.
Mit der Taufe des Heilandes ist es nicht ganz anders - und so ist dafür auch gerade dieser "Taufsonntag" ein sprechendes Zeichen: So sehr Jesus sich ganz einreiht in das gewohnte und gewöhnliche des Menschenlebens, er sich selbst in die Reihe des Alltäglichen und Normalen einreiht und nach außen alles so weitergeht wie bisher, so geschieht durch Ihn doch etwas gänzlich neues: nicht mehr eine Wassertaufe, der gewöhnliche "Saftladen", findet eine Fortsetzung, sondern in IHM erhält Taufe nun eine ganz neue Dimension: hineingetaucht in das Wasser des Jordan wird nun mit Ihm die Welt mit einer göttlichen Kraft erfüllt, dessen Botschaft sich in überraschend schneller Weise mit der Verkündigung der Jünger und Apostel um den Erdball verbreiten wird.
Wir alle sind fortan da mit hineingenommen und mit dem Feuer des Heiligen Geist getauft. Somit erhält all unser Tun und Erleben nicht mehr nur die vergängliche Oberflächlichkeit des Gewesenen sondern den bleibenden Gehalt des Ewigen: im Licht Gottes ist all unser Arbeiten und Wirken, unser Reden und Handeln wert- und sinnvoll.

Auf dass wir unsere Welt und auch uns selbst ganz in Seinem Lichte sehen - und daraus wirken, dazu sei dieses Neue Jahr Ihnen allen besonders gesegnet!

2. Sonntag im Jahreskreis

Liebe Pfarrgemeinde!

Auch nach dem Fest der Taufe des Herrn vergangenen Sonntag bleibt in den liturgischen Texten der kommenden Sonntage das Thema der Taufe ein zentrales.
Der Gedanke der Väter der Liturgiereform in der Wahl der Lesungs- und Evangelientexte für das Lesejahr A war sicherlich, der nachweihnachtlichen Zeit den Horizont des Taufgeschehens stärker zu eröffnen und die Verbindung vom Beginn des Heilshandelns Jesu durch sein Tauferereignis mit unserer eigenen Taufberufung nach dem Fest der Menschwerdung des Gottessohnes bewusster zu machen und stärker in den Blickfeld zu rücken.
Und tatsächlich ist ja Taufe nicht bloß ein einmaliges Ereignis, das eben einmal geschehen ist, sozusagen um den Segen Gottes zu erhalten und um dann einfach unbedacht und unbekümmert dieses Geschehen als abgehandelt betrachten zu können.
So sehr sicher Taufe die *Initialzündung unseres Glaubens und der Gottesverbindung darstellt und sich tatsächlich darin einen Grundpunkt des Gnadengeschehens Gottes an uns ausdrückt, so ist damit Taufe nicht einfach abgeschlossen und Vergangenheit.*
Im Grunde ist Taufe ein fortlaufendes Geschehen, ein stets sich erneuerndes Ereignis, wie ein Wasserstrom, der sich aus einer nie versiegenden Urquelle immer weiter in uns ergießt und ausströmt.
Aus der Taufe heraus geschieht, was wir "geistliches Leben", "Spiritualität" oder "übernatürliche Sensibilität" nennen, denn eben gerade dieser Sinn für die Übernatur Gottes, für das außerhalb dieser Welt liegende und für das ganz über-irdische wird ja durch diese Verbindung des Höchsten Gottes mit dem tiefsten der menschlichen Seele hervorgerufen, die sich dann im Übergießen des Gnadenwassers im Taufgeschehen auch ganz dinghaft ausdrückt.
Es ist also tatsächlich die Fortführung des Weihnachtsgeschehens, ja eigentlich erst die Verwirklichung dieses Heilsplanes Gottes, wenn wirklich mit der Taufe der Himmel sich mit der Erde verbindet, der allerhöchste Gott in die Seelenwelt eines Menschenlebens hineingeboren wird - und das je neu mit jedem Getauften!
Daraus leben wir als Christen und können von dort her erst den ganzen Horizont Gottes erfahren und erahnen. Taufe bedeutet mehr als nur der Teilnahmeschein einer - wenn auch weltweit vernetzten - Gruppe. Taufe ist eigentlich die Nabelschnur zu Gott, die erst dann gekappt werden darf, wenn wir endgültig aus dem Weltbauch in das Himmelreich herausgeboren sind!

Vielleicht eröffnet uns diese Leseordnung der Väter der Liturgiereform in diesen Tagen ja tatsächlich, bewusster aus unserer eigenen Taufe, und der Berufung daraus, zu leben.
Eine lebendige Woche Ihnen allen!

3. Sonntag im Jahreskreis

Liebe Pfarrgemeinde!

Angeln ist eine beruhigende und erholsame Beschäftigung - zumindest als Hobby. Was man dazu braucht ist lediglich Ausdauer und viel Geduld.
Zunächst muss der Angelhaken gerichtet und der Köder gekonnt aufgesetzt werden. Der richtige Angelplatz ist wichtig und die richtige Tageszeit, dann auch das Geschick, die Rute im richtigen Wurf ins Wasser zu schwenken. Und dann: warten auf den großen Augenblick, dass ein Fisch anbeißt.
Für Berufsfischer sieht das weniger beschaulich aus. Der tägliche Erwerb hängt davon ab und das Fischen ist mit Schiffskutter, großen Fangnetzen und Hebekränen tägliche, harte arbeit. Die Vorbereitungsmühe und Geschicklichkeit ist dabei aber genauso gefragt - und bei allem technischen Fortschritt sind die Grundprinzipien doch heute genauso wie vor 2000 Jahren.
Dass der Herr diese Tätigkeit als Bild für seine Jünger aufgreift, kommt nicht von ungefähr, waren die meisten von ihnen doch Fischer. Nur, dass sie in der Nachfolge Jesu nicht nur Fische fangen sollten, sondern nun zu "Menschenfischern" würden.
Auch dazu braucht es gute Vorbereitung, ein solides und gutes Material, Geschicklichkeit und Kenntnis um gute Zeit und Ort, Kraft und vor allem Ausdauer und viel, viel Geduld.
Die Vorbereitung und das gute Material dazu wird der Herr den Jüngern selbst besorgen:
ihre Ausbildung werden sie drei Jahre lang an seiner Seite haben, mit ihm leben, von ihm abschauen, von seinem Umgang mit anderen lernen, und seinen Ratschlägen und Gleichnissen zuhören.
Noch stehen sie ganz am Anfang und haben nur von Fischen und ihrer Lebensweise eine Ahnung. Aber schon bald werden sie entdecken, wie sehr das auch von Menschen gilt: den richtigen Ort und die richtige Zeit zu finden, mutig und geschickt die Worte auszusenden und auch mit Geduld warten zu können. Aber anders als beim Fischfang will der Herr dabei nicht Menschen aus ihrem Lebenselement herausholen, sondern sie eigentlich ins wahre und erfüllte Leben hineinführen; aus manchen Tümpeln der Welt ins Gottesreich hineinretten, das als wahrer Lebensraum das Menschsein belebt.
Für uns heute ist das die gleiche Herausforderung wie vor 2000 Jahren. Und auch wenn der Vergleich uns ein wenig fremd ist, weil wir hier nicht am Meer und mit der Fischerei zu tun haben, das Anliegen der Kirche ist doch das selbe geblieben: Menschen mit dem Wort Gottes in Berührung zu bringen
und damit zu Menschenfischern zu werden.

Eine gesegnete "fischende" Woche Ihnen allen!

4. Sonntag im Kirchenjahr - zum Fest der Darstellung des Herrn (Mariä Lichtmess)

Liebe Pfarrgemeinde!

"Mariä Lichtmess - bei Tag zu Abend ess!"
Mit diesem netten Bauernsprichwort atmen die meisten von uns in diesen Tagen doch wieder gut auf: tatsächlich, sie werden wieder lichtreicher - die Tage nach dem 2. Februar. Und auch wenn die anderen Bauernregeln für einen sonnigen und hellen Lichtmesstag wenig verheißungsvoll klingen und eher noch weitere kalte Tage und einen langen Winter versprechen - es ist ein Tag der Helle und der Freude, nicht nur, weil nun endlich die frühen Abende weniger und die hellen Tage länger werden.
Wir feiern sie in dieser Woche wieder, unsere "Lichtmesse", die uns so anders und irgendwie feierlicher anmutet, beim Gottesdienst jedem eine Kerze in die Hände gedrückt wird und wir in der lichtvollen Prozession singend durch die Kirche ziehen. Ja, das Leben insgesamt soll heller und leuchtender werden, wir lassen uns anstecken von der Freude flackernder Flammen und hellen Liedern und wissen damit: hell machen können wir uns selbst das Leben letztendlich nicht - wir brauchen dazu jemand anderes, eine andere Hoffnung und Zusage, die eben außerhalb unseres oft so grauen und müden Horizontes zu uns herniederscheint!
Es ist der Greise Simeon, der es als erster so hymnisch-begeistert mit glänzenden Augen ausgesprochen hat, als er Josef und Maria mit dem Jesuskind im Arm erblickt hat: "Nun haben meine Augen das Heil gesehen, das Du vor allen Völkern bereitet hast: ein Licht das die Heiden erleuchtet und Herrlichkeit für Dein Volk Israel!".

Mit dem Fest der Darstellung des Herrn hat die ehemalige Liturgie den Weihnachtsfestkreis beschlossen - an ihr hat sich dann direkt der Osterfestkreis mit der Vorfastenzeit angeschlossen - und der Sinn dieser Ordnung erschließt sich uns heute noch genauso: das Licht der Welt ist uns wirklich durch die Geburt des Heilandes nahegekommen, er ist uns erschienen und aufgegangen wie den drei Weisen und dem Simeon - jetzt gilt es das nicht nur nett und schön zu besingen und zu feiern, sondern damit auch im eigenen Leben ernst zu machen. Was heißt das nämlich, dass Christus "das Licht der Welt" ist? Welche Hoffnung dürfen wir denn auf IHN setzen, wenn ER uns wirklich er-leuchten kann? Das ist dann keine rührige Metapher für einen mauscheligen Selbsterfahrungstrip, sondern die klare Aussage, wirklich auch von Ihm alles zu erwarten und alles auf Ihn zu setzten - und so auch so manche Abgründe und Dunkelheiten der auch verdorbenen Menschen-Wirklichkeit durchdringen zu lassen und den Kampf gegen so manche abgründige Versuchung aufzunehmen.
Das ist es, was wir am 2. Februar mit unseren brennenden Kerzen hell bezeigen:
ER macht nicht nur unsere Tage heller, sondern will unser ganzes Leben beleuchten – und wir bekennen uns dazu.
Dass unsere Lichtmess zur Lebensmess wird, seien Sie alle sehr herzlich gegrüßt!

Hl. Blasius - und Blasiussegen - 3. Februar

"Auf die Fürsprache des Heiligen Bischofs Blasius bewahre Dich der Herr..."

Liebe Pfarrgemeinde!

So werden wir es zum 3. Februar über uns hören, wenn wir an die Altarstufen treten und vor den zwei gekreuzten Kerzen stehen werden.
Es ist ein recht alter Brauch, der zwei Dinge miteinander verbindet: die zwei Kerzen deuten noch einmal auf das Fest einen Tag zuvor an, bei dem die Kerzen gesegnet wurden und daran erinnern, dass Christus im Tempel dem greisen Simeon und der Prophetin Hannah als das Licht aller Völker erschien.
Im Licht dieser Kerzen des uns erschienenen und erleuchtenden Christus wird uns dann am 3. Februar ein besonderer Segen zugesprochen: auf die Fürbitte des Bischofs Blasius soll uns der Schutz zuteil werden, der uns vor allen Halskrankheiten und Krankheiten des Leibes und der Seele bewahren soll.
Das geht auf die schöne Legende des Tagesheiligen zurück, der in Sebaste als Bischof einem Knaben vor dem Erstickungstod gerettet hat. Auf wunderbare weise befreite er den Jungen von einer gefährlichen Fischgräte, die in seinem Rachen steckengeblieben war und im regelrecht die Luft wegnahm.
Dass Bischof Blasius seither gegen Halskrankheiten und dem Erstickungstod angerufen wird, ist damit gut verständlich. Aber auch im übertragenen Sinne mag uns der Blasiussegen helfen, wenn nämlich auch andere Dinge uns die Luft zum Atmen nehmen: So oft steht uns etwas quer, gibt es widerspenstige Gräten in den Alltäglichkeiten unseres Lebens, die uns wirklich außer Atem zurücklassen. Somit ist dieser Segen durchaus auch für die Krankheiten unserer Seele ein wirksamer Schutz und der Bischof Blasius ein fester Fürsprecher. Seine ruhige und ausgeglichene Art, sein weiser Rat bei den großen Synoden der frühen Kirche, sein Weitblick und sein fester Glaube haben ihn schon früh zu einer beliebten Persönlichkeit und großen Ratgeber gemacht.
Vielleicht kann er auch unseren oft gestressten und aufgescheuchten Seelen so manche gelassene und ruhige Sicht vermitteln, die alleine aus einem Licht uns neu beleuchten kann:
Aus dem Lichte Christi, das uns am Tag zuvor so hell aufgegangen ist!

Guter Schutz Ihnen allen und gute Gesundheit durch diese krankheitsanfälligen Wochen!

5. Sonntag im Jahreskreis

Liebe Pfarrgemeinde!

"Leuchtgestalten" - gibt es zur Zeit in unserer Gesellschaft ja viele - oder zumindest solche, die sich dafür halten oder dazu gemacht werden: Politiker, Intellektuelle, Schriftsteller, Frauenrechtlerinnen, Fussballtrainer...;
viele mit einem hohen, moralischen Anspruch an andere, viele mit lauten Tönen und beißenden Kommentaren in Talk-Sendungen und Interview-Runden und viele mit guten, schlagenden und fordernden Argumenten und einem offensichtlichen Sinn für Recht, Gerechtigkeit und gesellschaftliche Toleranz. Gemeinsam ist allen, dass sie aus ihrer eigenen Verantwortung, ihrer eigenen Haltung und ihrer persönlichen Überzeugung sprechen. Sie *sind es, die hier* ihre *Meinung, Auffassung und* ihren *Standpunkt vertreten. Dumm nur, wenn der hohe und hehre Anspruch an ihrem eigenen Handeln dann zerschellt und wie Sand in der Hand zerbröselt. Meist ist es ja kein "großes" Fehlverhalten: kein Mord, kein Totschlag und auch nicht unbedingt Fahrerflucht mit Todesfolge. Eher kleine Delikte, die jeder von uns vielleicht in dieser Position auch verführt gewesen wäre zu tun: Steuerhinterziehung, ein wenig über die Stränge trinken und bei Rot über die Ampel fahren, sich einen schönen Urlaub im gediegenen Unternehmer-Landhaus gönnen oder einen netten Yacht-Ausflug annehmen.*
Es ist eben recht gefährlich, bereits zu Lebzeiten sich als "Leuchtturm" auszugeben oder sich auf den hohen moralischen Sockel stellen zu lassen. "Wer hoch steigt, kann tief fallen!" - dazu sind wir alle eben doch nur das eine: Menschen!
Die echten Leuchtgestalten, die zu allen Zeiten wirklich das "Salz" in der Gesellschaftssuppe waren, werden von unserer sich nach so großen Persönlichkeiten sehnenden Öffentlichkeit jedoch überhaupt wahrgenommen und scheinen gänzlich keine Rolle zu spielen. Dabei sind das doch Menschen gewesen, die wirklich ganz und gar das waren, zu was man manche wichtig-meinenden heute hochstilisiert, im Vergleich zu jenen Echten aber diese Gemeinten wie künstliche Abziehbildchen erscheinen, deren großspurig aufgeklebter Moralzeigefinger und aufgebauschtes Besserwisserwort am eigenen Lebensarm schnell abgewaschen ist: nämlich die echten Heiligen der Kirche!
Der Unterschied echter Heiliger ist zum Einen, dass sie sich selbst nie als "moralische Institution" oder für "besserwissende Intellektuelle" gehalten haben. Auch den Anspruch, sich verpflichtet zu fühlen, Gesellschaft und Welt aufgrund ihrer besonderen eigenen Überzeugung und selbsternannter Weisheit retten zu müssen, haben sie für sich nie angenommen. Zum anderen: ihren Auftrag zum Wirken in dieser Welt hatten sie nie aus sich heraus und ihre Verpflichtung galt nicht sich selbst, sondern immer einem Anderen: Und das ist eben der große Unterschied zwischen den "Heiligen" unserer Mediengesellschaft und den echten Heiligen unserer Kirche: Die echten Heiligen waren sich ihrer menschlichen Schwäche wohl bewusst und hielten sich wahrlich nicht für etwas "besonderes" - aber sie waren es und konnten so integer und mustergültig

sein, weil sie ganz aus der Vollkommenheit Gottes gelebt und sich seiner Ausrichtung verpflichtet haben!
Vielleicht täte eine solche demütige Sicht auch unserer Gesellschaft einfach wieder gut!

6. Sonntag im Jahreskreis

Liebe Pfarrgemeinde!

Wenn unsere kleinen Kinder etwas anstellen, dann schimpfen generell die Eltern und sagen: "das darfst Du nicht machen!". Schnell lernen so die Kinder, dass es Dinge gibt, die man tun darf, und anderes eben nicht. Das fängt beim in der Nase-bohren an und geht bis zum Spielen mit dem Feuerzeug.
Unser Leben ist seitdem geprägt von Gesetzen und Regeln, die uns hinweisen, was gut und richtig, und was falsch ist - und haben sich natürlich seit unserer Kindheit in wichtigere Bereiche weiterentwickelt als nur kleine Anstandsregeln und dem Spiel mit dem Feuer. Grundsätzlich wächst aber mehr und mehr der Vorbehalt gegenüber allen möglichen Arten von Regeln und Gesetzen - sie zwängen ein, machen unfrei, unterdrücken die eigene Persönlichkeitsentfaltung und wiewohl es Gesetze und Regeln für ein funktionierendes Zusammenleben braucht und unsere staatliche Politik ja eine Unflut von ständig neuen Gesetzestexten hervorbringt, die sich bis zur Unüberschaubarkeit immer schneller vermehren und anhäufen, strebt man im persönlichen Bereich nach immer größerer Gesetzesfreiheit.

Und gerade für den kirchlichen Bereich ersehnt man sich dann eine "Freiheit des Geistes", bei der Glaube doch ohne Regeln und Gesetze auskommen soll, ob das jetzt beim Eherecht ist, bei der Frage der Lebensform oder in der Zölibatsdebatte.
Man wünscht sich hier einen "rechtsfreien Raum" und nimmt dazu gerne Jesus selbst in Anspruch, der doch sich über alle Gesetze gestellt und sich gegen den Normatismus eingesetzt habe. Eigenartiger Weise verteidigt der Herr aber gerade ganz ausdrücklich Recht und Gesetz, denn er ist "nicht gekommen um Gesetz und Propheten aufzuheben." Im Gegenteil, er verschärft noch dazu die einzelnen Gebote der Pharisäer - und führt sie auf ihren Kern zurück.

Doch bei aller Verteidigung für Regel und Gesetz - eine Neuausrichtung kommt beim Herrn doch zum Ausdruck - und das ist es, was doch einen ganz neuen Horizont für Gebote und Regeln des Zusammenlebens eröffnet:
Es ist nicht das Gesetz um seiner selbst willen, das zu beachten, sondern die Haltung dahinter, die geboten ist. Aus dem Sinn des Lebens erwächst das Gebot - und so führen die Gebote wiederum hin zu einem erfüllten Leben.
Es geht um die Aufrichtigkeit der eigenen Gesinnung. Und die kommt nicht ohne die Orientierung klarer Prinzipien und einer inneren Ordnung zustande.
Und richtig ist somit: die Herzensregel ist eine Regel der Liebe, die alle Gesetze und Regeln durchdringen muß, damit unser Leben wirklich menschlich wird.
Ihnen alle eine gesegnete Woche!

Fest der Kathedra Petri - 23. Feburar

Liebe Pfarrgemeinde!

Der alte deutsche Begriff: "Stuhlfeier Petri", den wir im alten Schott noch lesen können, hat ja doch schon einen etwas eigenartigen Unterton, der sicher die deutschen Väter der Liturgiereform dazu veranlasste, das deutsche Wort auszulassen und den lateinischen Begriff als den Einzigen für das Fest zu benutzen, das wir mit dem 22. Februar begehen. Und tatsächlich kommt mit dem Wort "Cathedra" doch nun schon ein wenig besser zum Ausdruck, was mit diesem Festereignis gemeint ist, als mit dem Wort einer "Stuhlfeier" - obwohl beides durchaus das selbe besagen will: es ist die Erinnerung an den Auftrag, den der Apostel Petrus von Jesus selbst übergeben bekommen hat, die Kirche aufzubauen und zu führen - und mit der Gewalt der "Schlüsselübergabe" Petrus diesen Dienst beginnt und in Rom damit der "bischöfliche Stuhl" als Symbol dieses Dienstamtes sein Zeichen setzt!

Interessant ist, dass wir in jenem alten Schott aber zwei Feste mit diesem Titel der Stuhlfeier finden: eines bereits am 18. Januar mit dem Titel In Cathedra S. Petri Apostolae Romae *und das jetzige Fest am 22. Februar* Petri Stuhlfeier, *das den Zusatz "zu Antiochien" trägt. Es erinnert an die zwei großen Patriarchate, die von ihm begründet wurden und in seiner Nachfolge den weiteren Päpsten weitergegeben wurde - und beide Patriarchate im Stuhl Petri zusammengehörten.*

Nach der großen Kirchenspaltung im 5. Jh. hat sich Antiochia von Rom getrennt und eigene Patriarchen ernannt, die aber jeweils ihren Anspruch auf die Nachfolge des Apostels Petrus aufrecht erhalten wissen wollten - und die katholischen Ostkirchen in der heutigen Türkei unterstehen bis heute dem römischen Pontifex, ihr Bischof aber darf weiterhin den Titel des Patriarchen auf der Kathedra von Antiochien tragen.

Somit feiern wir am kommenden Samstag diese große Verbindung der Weltkirche, die eben ihren gemeinsamen "Stuhl" in dem einen großen Apostel zusammenfasst, der am Beginn dieses großen und bewegenden Weges der Kirche steht!

Auch wenn es eher ein Fest der Verwaltung, der Leitung und der Führung ist - der Hintergrund ist letztlich der eines ergangenen und befolgten Rufes! Es ist Christus, der den Apostel Petrus ge- und berufen hat - und Petrus, der aus diesem Ruf die Gemeinden und Menschen gesammelt und zu Christus geführt hat! Diesen Auftrag haben die Nachfolger des Petrus ja bis heute - und gerade in Paps Franziskus wird je besonders deutlich, wie sehr diese "Cathedra" diese Bestimmung so lebendig hält: hinauszugehen in die Zentren und an die Ränder dieser Welt, die Menschen zu sammeln, zu begeistern und zu führen - und letztlich die Menschen zu verbinden in Christus, damit in dem großen Leib Christi Kirche lebendig und aufbauend wird!

Ihnen eine gesegnete Woche unter der "Cathedra Petri"!

7. Sonntag im Jahreskreis

"Ich bin doch nicht blöd!"

Liebe Pfarrgemeinde!

Mit diesem Spruch warb eine bekannte Medienverkaufsfirma für ihre Produkte. Die Botschaft, die damit weitergegeben werden soll ist klar: "blöd" ist, wer mehr ausgibt, als er unbedingt muss. Mit dem anderen Motto "Geiz ist Geil" ist genau das nocheinmal drastischer angesprochen: clever den besten Vorteil für sich herausholen, dem anderen ja nicht mehr zukommen zu lassen als dringend nötig und wo es nur geht für den eigenen Geldbeutel zu sparen.
Wenn auch schon im Einzelhandelsbereich diese Haltung nicht ganz unproblematisch ist, so können wir entdecken, dass diese Einstellung auch mehr und mehr zu einer generellen Grundeinstellung wird: Großzügig sein, dem anderen etwas zugestehen, einmal auch "ein Auge zudrücken", ein "gutes Herz" haben und in freigiebiger Weise handeln, ohne nur auf seinen berechneten Vorteil zu schauen, der ist "blöd" und wird dann für "dumm" verkauft.
Die Frage aber ist, ob mit jener oft knickerigen und nur selbstsüchtigen Haltung ein gesundes Zusammenleben überhaupt funktionieren kann. Letztendlich, wenn ich nur Frage: "was bringt's mir, und jeden Handgriff bezahlen lasse, für Gegenleistungen nur einen Spottbetrag auszugeben bereit bin und über das Nötigste hinaus mir andere und anderes egal ist, wird es für alle teuer, weil für alles und jedes dann ganz schön viel verlangt, aber nichts mehr gegeben wird.
Wie du mir, so ich Dir! Das gilt im Negativen wie auch im Positiven.
Das Christentum hat mit seiner bahnbrechenden Einstellung dazu eine ganz neue Lebenseinstellung eröffnet:
wer diesen Teufelskreis des nur eigenen Vorteils durchbricht, wird frei und lebt gelassener. Das gilt schon im ganz alltäglichen: keine Angst mehr, nur zu kurz zu kommen, dauernd etwas verpasst zu haben oder der Ärger über den Vergleich mit anderen, die es besser oder günstiger haben. Letztendlich ist es eine Einstellung großer innerer Freiheit, weil man es nicht nötig hat, sich dauernd rechtfertigen zu müssen, sondern man seinen Stand eben woanders her bezieht:
Wer aus der Liebe Gottes lebt, der kann mit dieser Liebe auch freigiebig umgehen und der spürt, auch wenn manches geschenkt und ohne Vorteil weitergeben worden ist: Der Großzügige empfängt letztendlich mehr als dass er hergegeben hat - wenn auch auf andere Weise.
Schön blöd, wer nur auf seinen Vorteil schaut!

Fasnacht

Liebe Pfarrgemeinde!

"Das ist die 5. Jahreszeit"!
Nanu - hat sich da eine naturhafte Erneuerung dazwischengedrängt? Ist neben den bekannten Jahreszeiten ein neues, anderes Wetter zu erwarten?
So wie eh das Wetter in den verschiedenen Jahreszeiten eher durcheinandergeraten ist und man von typischem Frühling-Sommer-Herbst und Winterwetter wohl kaum durchgängig mehr sprechen kann, so ist wirklich bei der 5. Jahreszeit wirklich alles durcheinander - nicht nur das Wetter.
Eigentlich hat sie mit der Natur auch nur teilweise zu tun! Natürlich steht in ihr die heidnische Vorgeschichte, deren grimmiges und gefährliches Gesicht uns noch aus den Masken des schwäbisch-allemanischen Raumes anblickt: In wilden Riten geht es um die Austreibung des Winters, das Nichts, an das die Welt im Schlaf des Winters erinnert will vertrieben werden und es muss etwas neues, fruchtbares entgegengesetzt werden. Aber hinter den Gegebenheiten der Natur sieht der heidnische Urgedanke auch personale Mächte! Im Wechsel der Zeit fühlt man die Bedrohung der Welt und die bösen und teuflischen Mächte wollen gebannt sein!
In diesem Sinn ist der Fasching sicher kein kirchliches Fest. Aber andererseits ist er auch nicht ohne den Festkalender der Kirche zu denken. Das Christentum hat den ausgelassenen Charakter der Fastnacht nicht verbannt. Im Gegenteil konnte er gerade dort sich halten und entwickeln, wo es das Katholische gab. Mit der Ordnung des Jahres, das den Menschen mit dem Rhythmus der Schöpfung und der Geschichte des Heils durchgehen läßt, wird ja alles chaotische und Vielfältige unseres Wesens geordnet und gereinigt. Nichts menschliches ist in diesem Zyklus von Leben und Natur, von Heil und Geschichte ausgelassen - und so braucht es durchaus auch eine Zeit, in der auch das Dunkle und Menschliche, das Dämonische und Umgekehrte nach außen tritt. Es darf außer Rand und Band geraten, das Versteckte sich offenbaren. Wenn auch nur für eine bestimmte Zeit.
Doch das Dämonisch-Unheimliche wird im Christentum von seinem Grauen und Schrecken gebannt. Vor dem Ernst der Fastenzeit wird in der Fasnacht der lebensgefährliche Kampf mit den Dämonen zum Gaudium. In der christlichen Welt wird die dämonische Maske zur lustigen Maskerade. Sie wird zur Verspottung der Götter, die man nicht mehr zu fürchten und zu vertreiben braucht, weil wir den wahren Gott kennen. Das einst Schreckliche kann jetzt zum Anlass des Lachens und des Lustigen werden.
Somit ist Fastnacht wirklich eine Zeit der Befreiung, die Freiheit des einen Gottes von den Mächten und Gewalten, die uns nicht mehr in Bann und in ihre Gewalt bringen können.

In diesem Sinne eine "glückselig Fasnet" Ihnen allen!

II

Liebe Pfarrgemeinde!

Nun hat die Fasnachtszeit uns wieder!
Die Narren springen auf und nieder
und warten auf mit lust'ge Reime,
so dass es allerorts erkeime:
Frohsinn, Spaß und Heiterkeit,
das ist jetzt das Motto dieser Zeit!

Ob in der Zeitung, ob im Fernseh'n,
bei uns im Ort und wenn wir fern geh'n:
überall es lacht entgegen,
bunte Jeck' und Narrensegen-
schon beim Schnurren, Hexeball,
Fähnlestreibe und dem all'.
Dann in der Fastnachtswoch' ganz intensiv,
ein Programm wie à la Schlingensief,
da wird's dann richtig rund und sché
mit Hamperle und Riebelé[1]*!*

Doch ist's - wie manchesmal im Leben -
in diesem Jahr die Freud' nicht all'n gegeben.
So mancher harte Schicksalsschlag
läßt auch den sonnenhellsten Tag
ein wenig Trüb', im Herzen traurig
- obwohl auf allen Straß' s'ist sausig,
alles andre lacht und singt -
weil's Leben nicht nur Freude bringt.

So mancher herbe, bitt're Schlag,
der uns versetzt in Starre arg,
läßt manches nicht so unbeschwert erscheinen,
was sonst wir unzerstörbar meinen.
Der Freude und der Lebens Glück
ist doch ein sehr zerbrechlich Stück!

Wir sind uns dessen wohl gewahr,
dass schnell vorbei, was einmal war,
und mit dem spaßgewollten Treiben
so manche Sorgen trotzdem bleiben.

---

[1] Fasnachtsvereine im Oberen Wolftal

Der Grund für diese Fasnachtszeit
uns allen dennoch gültig bleibt!
Denn hinter aller Jeckischkeit
steht eine andere Wirklichkeit:
In der Jahreszeiten Lauf
von tief betrübt bis jauchzt laut auf,
ist allen immer mitgegeben,
dass da durchbricht - des Heiles wegen -
ein Lichtschein, der voraus uns lenkt
und darin echte Freude schenkt!

Auch wenn alles scheint verloren:
ein neuer Weg wird uns geboren;
und wenn wir rasend sind vor Freude:
eine Stimm´ mahnt: bedenk das HEUTE!

So mögen nun die Fasnachtstage
auch für Betrübte nicht zur Plage,
sondern inn´re Botschaft sein:
dass bei allem Weltensein
die Verheißung inne liegt,
dass wahre Freude letztlich siegt!
Und wir am Aschermittwochstage
dazu erhalten Gottzusage,
dass wer dem Herrn sich ganz ergibt
das Licht, das in ihm,
nie erstirbt!

Ermutigende Fasnachtstage Ihnen allen!

DIE FASTENZEIT

Aschermittwoch

Liebe Pfarrgemeinde!

"Am Aschermittwoch ist alles vorbei...!"
Der bekannte Fasnachtskalauer bringt es auch für dieses Jahr wieder auf den Punkt - tatsächlich trifft das lustige und närrische Treiben mit dem Aschermittwoch auf sein jähes - aber vielleicht von manchen "Durchfasnachtern" auch ersehntes - Ende;
und bei aller Freude und dem Spaß, den man in diesen Tagen ausgelassen erleben durfte: sicher ist es einem, dass das Unbeschwerte und rein Bespaßte nicht auf immer weitergehen kann, sondern bei allem irgendwann auch mal Schluss sein muss mit lustig.

Der Blick verschärft sich vielleicht gerade am Ende dieser närrischen Tage: man blickt etwas darüber hinaus und wird sensibel für das Tieferliegende: "Bedenke, o Mensch, dass du Staub bist und zum Staub zurückkehren wirst..." - nichts ist wohl richtiger, als dieser Satz, der uns am Aschermittwoch zugesagt wird.
Vor seiner Wahl zum Papst griff Benedikt XVI. am 18. April 2005 diesen Gedanken mit den Worten auf: "Alle Menschen wollen eine Spur hinterlassen, die bleibt. Aber was bleibt? Das Geld nicht. Auch die Gebäude bleiben nicht, ebenso wenig die Bücher. Nach einer gewissen, mehr oder weniger langen Zeit verschwinden all diese Dinge. Das Einzige, was ewig bleibt, ist die menschliche Seele, der von Gott für die Ewigkeit erschaffene Mensch."

Diese Seele herzurichten für die Ewigkeit, das ist der eigentliche Sinn der Fastenzeit. Da geht es weder um's reine "Abnehmen" oder um's bloße "sich zurücknehmen" - sondern in dem Versuch auf Dinge zu verzichten oder sich einzuschränken eine innere Haltung einzuüben, die stärken soll, sich auf das Wesentliche auszurichten.
Und so steht in diesen Tagen schon die Frage: Was zählt wirklich - und was bleibt!
Dem auf die Spur zu kommen, damit auch wir eine "Spur hinterlassen", dazu will diese Zeit mit ihrer Liturgie, mit den Bußandachten und der Beichtgelegenheit anregen.

Einen guten Start in die Fastenzeit Ihnen allen

1. Fastensonntag

Liebe Pfarrgemeinde!

Nun haben wir sie nach unserer lustigen Zeit begonnen: die "Heilige Quadragesima", die Zeit der 4o Tage, die an Aschermittwoch begonnen hat und in der Osternacht endet. Wenn wir nämlich sämtliche Sonn- und Festtage abziehen, kommen wir genau auf 40 Tage, eben "Quadragesima".

Schon die Zahl 40 ist an der Fastenzeit bedeutsam: 40 Tage und 40 Nächte strömte der Regen der Sintflut und überschwemmte die Erde.
40 Jahre hindurch mussten die Israeliten vor dem Einzug in das Gelobte Land durch die Wüste wandern.
40 Jahre Tage fastete Moses, ehe er das Gesetz für Israel auf dem Sinai empfing.
Unter 40-tägigem Fasten pilgerte der Prophet Elia zum Berg Horeb, wo Gott ihm die wunderbare Offenbarung der Herrlichkeit schauen ließ.
Und 40 Tage und Nächte fastete Jesus in der Wüste vor seinem öffentlichen Wirken.
So ist die Zahl seit frühester Zeit ein Symbol für eine tiefe und innige Läuterung; Zeit einer Vorbereitung auf besondere Ereignisse und immer auch mit Umkehr, Reue und Reinigung verbunden.

Auch wenn die Fastenzeit bei manchen einen etwas bitteren Beigeschmack haben mag, weil man da doch auf etwas verzichten müsse, so hat diese Zeit doch nichts mit Freudlosigkeit und Griesgrämigkeit zu tun. Die 40 Tage wollen uns eine Vorbereitung auf Ostern hin sein und eine Gelegenheit zu einer tiefen Lebenserneuerung geben.
Da kann es helfen, einmal von dem Vielen, das uns ständig umgibt, abstand zu nehmen - nicht bloß um ein Gebot zu erfüllen, sondern um so freier zu werden für das, was wir wirklich brauchen.
Und auch die alljährliche Misereor-Fastenaktion weist uns auf dieses Lebensnotwendige hin:
Mit ihrem Grundgedanken will uns die Aktion anspornen, nicht nur materiell zu fasten, sondern auch unseren Umgang mit unseren Mitmenschen und der Welt zu überdenken.

Dass diese Zeit Ihnen allen zu einer fruchtbaren Vorbereitung auf das Osterfest werden kann und sie mit befreiendem Herzen Ostern entgegengehen, wünsche ich Ihnen von Herzen Gottes Segen!

2. Fastensonntag

Liebe Pfarrgemeinde!

Warum uns gerade am zweiten Fastensonntag die Liturgie ein so strahlendes Evangelium vor Augen stellt, ist auf den ersten Blick gar nicht so ersichtlich.
Eigentlich steht in der Fastenzeit eher der Buß- und Fastencharakter im Vordergrund, und das hat ja so gar nichts "verklärtes" und sonniges an sich.
Und doch hat sich die Kirche dabei natürlich etwas gedacht! Denn wenn wir im Evangelium nur eine Seite vor- und eine Seite weiterblättern entdecken wir, dass unser Evangelium von der Verklärung des Herrn auf dem Berg Tabor eingerahmt ist von zwei Leidensvoraussagen Jesu. Kurz bevor er nach Jerusalem geht und dort dem sicheren Leiden und dem Tod ausgesetzt sein wird, nimmt er zwei seiner Jünger noch einmal mit auf die Höhe! Es ist der Ausblick, der über die Leidenszeit hinausweist auf das, was kommen wird: Verklärung - und somit vorwegnimmt, was die Zukunft für Jesus und die Jünger bereithält.
In den Tiefen und dem Grau unseres Alltages brauchen wir manchmal solche Ausblicke, damit wir von dem Einerlei unseres Weltgeschehens nicht erdrückt werden. Dass das keine utopische Hoffnung ist, wird daran deutlich, dass einerseits die "Stimme aus der Wolke" diese Zukunft bestätigt und andererseits, weil wir wissen, dass das, was da angedeutet worden ist, sich wirklich auch am Ostertag vollzogen hat.

Nicht nur in der Fastenzeit tun uns solche "Ausblicke" gut, wenn wir uns immer wieder erinnern, "für was" wir Fasten oder manche Bußübung auf uns nehmen; gerade auch im Anblick unserer traurigen Weltlage mag es uns manchesmal vorkommen, dass "nichts mehr gut" werden kann und alles nur noch schlimmer wird. Auch da sind uns solche Ausblicke elementar wichtig: der Blick, über das Klein-Klein der politischen Grabenkämpfe auf den großen Zusammenhang der Weltverantwortung und des Schöpfungsauftrags.
Wünschen wir unseren Politikern, uns selbst und vielen weiteren solche Ausflüge in die Höhe globaler Sicht der Dinge - und vor allem die Orientierung an dem, vor dem wir uns letztlich zu Verantworten haben: vor Gott.

Eine gesegnete 2. Fastenwoche Ihnen allen!

Heiliger Josef - Bräutigam der Gottesmutter - 19. März

Liebe Pfarrgemeinde!

Dass der Monat März in der Tradition der Volksfrömmigkeit dem Heiligen Josef geweiht ist, stammt nicht von ungefähr: Die Kirche ehrt mit dem 19. März den Heiligen Josef mit einem eigenen Hochfest und drückt damit ihre Wertschätzung aus für den Bräutigam der Gottesmutter.
Viele Ehrentitel und Patronate hat sie ihm zugeschrieben: Nährvater Jesu Christi, sorgsamer Beschirmer, der Gerechte, Helfer in allen Notlagen, Patron der Sterbenden, Schutzheiliger der Kirche...
Obwohl er ja neben der Gottesmutter die *bedeutende Rolle im Leben Jesu einnimmt, ihm so nahesteht wie wenig andere und die Tradition der Kirche ihn schon lange in seiner tragenden Bedeutung nicht nur in den Kinder- und Jugendjahren des Herrn selbst, sondern für die Kirche als Ganze erkannt hat, führt er dennoch in unserem Bewusstsein eher ein Schattendasein.*
Im Schatten der Verehrung der Gottesmutter wirkt er eher bescheiden und zurückhaltend, große Andachtsstürme und Festfeiern bleiben da eher die Ausnahme und die Zahl der Kongregationen, die sich auf ihn berufen, ist nicht übermäßig groß. Vielleicht liegt das daran, dass er tatsächlich auch in der Bibel eher zurückgenommen und still daherkommt.
Kein Wort ist uns aus seinem eigenen Mund überliefert und schon bald nach der Jugendzeit Jesu verschwindet er in der Erwähnung der Hl. Schrift. Und doch ist seine Rolle in den ersten Tagen des Herrn ausschlaggebend: aufmerksam hört er auf die Eingebungen des Engels, stark beugt er sich und nimmt Maria und das Kind in seine Obhut, tatenmutig und klug schützt er seine junge Familie mit der Flucht nach Ägypten. Dass ihm Arbeit sicher nie gefehlt hat, er allseits ein gefragter Schreiner war und im Alter das Glück hatte, in der Obhut seines Sohnes in Frieden sterben zu dürfen macht ihn heute zum gefragten Berater und Helfer der Handwerker und Arbeiter und zum Patron der Sterbenden für eine gute Sterbestunde.
Wer ihn einmal für sich entdeckt hat, erfährt wie bedeutend er durch seine fürsorgende, achtsame und kluge Art für das eigene Alltagsleben werden kann. Es gibt keine Notlage, kein Anliegen und kein Handgriff, bei dem er nicht durch ein gutes, fürbittendes Gebet raten und helfen kann.
Schade, dass so wenige seine universale Hilfe anfragen, ihn bei ihrer Arbeit und ihrem Einsatz zur Begleitung anrufen und ihn in ihre eigene Familie als Schützer und Begleiter der Familie hereinholen.
Da tut es vielleicht doch Not, ihm einen ganzen Monat zu weihen um ihm in den vielen Aspekten seiner Begabungen ein wenig näher kommen zu können.

Das Hochfest am 19. März könnte uns da ein Beginn sein!

3. Fastensonntag

Liebe Pfarrgemeinde!

Für viele ist die Fastenzeit ja eine Gelegenheit, wieder "zur Quelle" zurückzukommen -sozusagen zum Ursprung: alles überflüssige und aufgebaute abzulegen, das was einem im Überbau des Alltags, der Belastungen, der Aufgaben und der Ablenkungen umgibt und nach und nach beeinflusst, abzulegen und wieder in das Innere seiner eigentlichen Sehnsüchte, Wünsche, Empfindungen und seines eigenen Wesens zu gelangen.
Der Weg dorthin ist aber oft gar nicht so einfach! Die Vorsätze, manchem zu entsagen und seine Gewohnheiten zu ändern kosten ganz schön Mühe, und erst recht ist es schwierig, sich so manchem unebenen in seinem Leben ehrlich zu stellen und vorbehaltlos anzuschauen.
Da erscheint über unserem Kirchenportal unserer Pfarr- und Wallfahrtskirche[1] ein Spruchfries, das uns mit dem Evangelium des 3. Fastensonntags irgendwie wie ein sehnsuchtsvoller Befreiungsschlag ausschaut:
"Das Wasser, das ich gebe, wird in ihnen zur sprudelnden Quelle, deren Wasser ewiges Leben schenkt!".
Auf den ersten Blick scheinen uns die Worte etwas abgedroschen und bekannt: Wasser und ewiges Leben - aber wer einmal die einzelnen Worte vor dem Hintergrund des Evangeliums, aus dem es kommt - und vor allem vor dem eigenen Lebenshintergrund - liest, der entdeckt das befreiend Aufbrechende, das hinter diesem Jesuswort steht; denn mit einem ganz banalen Gesprächsbeginn entsteht eine wundervolle Begegnung, die nicht nur das Leben einer Frau verändert, sondern ein ganzes Missionsgeschehen auslöst: Die Begegnung der Samariterin am Jakobsbrunnen!

Der bekannte jüdische Philosoph und Exeget Martin Buber hat einmal das sinnige Wort geprägt: alles echte Leben ist Begegnung! Und tatsächlich: noch weit über das wichtige mitmenschliche Miteinander entsteht mit der Begegnung Jesu etwas umgreifendes: Ein Leben, das weder Regeln und Mühen kennt, keine zwanghafte Askese, verbissene Exerzierübungen oder skrupulante Selbstbeschauung, sondern einfach reine und offene Liebe! Wer in das Antlitz Jesu schaut, entdeckt sich selbst neu, eigentlich und wahrhaftig! Und in dieser inneren Erneuerung, da kann man dann nicht anders, als diese Begegnung weiterzutragen und zu Boten der Liebe Gottes zu werden!

Dass auch wir immer wieder diese Quelle Jesu in uns entdecken wünsche ich Ihnen allen von Herzen!

---

[1] Mater Dolorosa, Bad Rippoldsau

4. Fastensonntag

Laetare - der Name ist Programm!

Liebe Pfarrgemeinde!

Der Eröffnungsvers hat dem 4. Fastensonntag seinen Namen gegeben: "Laetare Jerusalem - Freue dich, Jerusalem!" - und tatsächlich ist dieser Name Programm! Mitten in der Fastenzeit sollen wir schon einmal ein wenig den Vorgeschmack auf Ostern bekommen, und auch sonst zeigt sich die Kirche großzügig:
Das Fasten ist in dieser Woche ein wenig gelockert, der Gottesdienst feierlich und bunt und der Grundtenor der Texte heiter; die Last der Fastenzeit soll damit etwas leichter zu tragen sein und man darf neue Kraft für die Erfüllung der Fastenvorsätze sammeln. Es ist sozusagen "Halbzeit" - und wie bei jedem Fußballspiel die "Halbzeit" die Zeit ist, in der der Trainer nocheinmal die große Chance hat, seine Mannschaft einzuschwören, alle sich eine Verschnaufpause gönnen, die Zuschauer sich wieder aufheizen, ein Bier holen, sich auf die zweite Halbzeit einstimmen, und in der Mannschaftskabine die Mannschaft sich in Schlachtrufen Mut zuschreit,
so bietet auch die Fastenzeit sozusagen mit ihrer Halbzeit die Gelegenheit, einfach die vergangenen Wochen zu überprüfen, den Stand "abzuchecken", sich wieder den Erfolg vorzunehmen und mit dem Blick auf das baldige Osterfest so richtig aufzurufen: "Auf zum Endspurt!"!

An diesem Sonntag beschenkte man sich in Rom mit Rosen und bis ins 20. Jahrhundert hinein hat der Papst an diesem Sonntag eine Goldene Rose geweiht, die er dann einer besonderen Person als Ausdruck seiner besonderen Wertschätzung überreichte. Eigentlich auch ein schönes Zeichen, das schöner auf diesen Sonntag passt als auf den so vermarkteten "Valentinstag": Wir machen uns mit dem schönsten Zeichen unserer Liebe gegenseitig eine Freude! Die Liebe, mit der uns Christus an seinem Kreuz geliebt hat und diese innige Liebe, die wir ihm in der Fastenzeit mit unserem Verzicht und unseren Mühungen ausdrücken, mit der machen wir heute, an diesem Sonntag, anderen eine Freude und verschönern ihnen so diese Zeit!

Vielleicht haben ja auch Sie Lust, an diesem Sonntag jemand eine Freude zu machen! Die Gelegenheit dazu ist ein sehr alter, aber inhaltsreicher Brauch!

5. Fastensonntag - Passionssonntag

Liebe Pfarrgemeinde!

"Passion" - Wenn man danach irgendwo fragen würde, bekäme man die Auskunft, man solle doch eine Parfümerie aufsuchen;
und tatsächlich haben die Werbestrategen für das bekannte Parfüm Elisabeth Taylors den Namen sicher nicht ohne Grund gewählt!
"Passion", das bedeutet ja Hingabe, voller Einsatz, Leidenschaft und begeisterter Idealismus! Eigentlich ein tolles Wort!
Leider hat die "Passion" in unserem kirchlichen Bereich diesen mitreißenden Wortsinn verloren, denn Passion - aus dem lateinischen "Patio" - heißt neben der passioniert-begeisterten Tat durchaus auch "leiden", "er-leiden", "durch-leiden" und "ertragen" - und wenn wir in der kommenden Woche nach dem "Passionssonntag" die "Passionswoche" beginnen, dann hat das immer auch eher einen etwas herben, nüchternen und ungeliebten Klang, steht uns da doch bereits mit dem Schmerzensfreitag und dem Palmsonntag in der Woche darauf das Leiden Christi schon "vor der Haustüre". Nicht zuletzt da auch die Kreuze mit schwarzen Tüchern verhüllt und aller Altarschmuck nun endgültig abgeräumt ist, wirkt uns diese "Passionszeit" auch augenscheinlich als etwas trauriges und abweisendes.
Und trotzdem: eigentlich steht uns in den kommenden Wochen die Passion durchaus in der ganzen Fülle des Wortsinnes vor Augen und beide Seiten dieses einen Wortes müssen sich nicht unbedingt ausschließen, denn wie zu jeder begeisterten "Passion" ja auch Hingabe, Verzicht und aufopferndes Tun dazugehört, ist auch das Erleiden und Ertragen der Kreuzespassion nicht ohne innere Hingabe und dem Idealismus zu verstehen.
Kirche lebt von der "Passio", dem Tragen und Ertragen, aber auch von der inneren Ergriffenheit und der innigen Liebe - und ist damit ja das äußere Abbild Jesu selbst, der am Grundpunkt seiner Passio, dem Kreuz, all dies in dem vollen Einsatz seiner Ganzhingabe und Liebe durchlitten und getragen hat.
Dass wir alle so selbst zur "Passio" Jesu werden dürfen, und wir passionierte Jesusanhänger, von IHM durchdrungen, seine Leiden-schaft weitertragen,
dazu braucht es nicht unbedingt nur die Passions-zeit, das können wir auch sonst.
Aber vielleicht wird es uns in dieser Zeit einfach nocheinmal stärker bewusst!
Herzliche "passionierte" Segenswünsche Ihnen allen!

DIE KARWOCHE

Liebe Pfarrgemeinde!

Mit dem Palmsonntag steigen wir ein in die "Heilige Woche"!
Dass diese Woche "heiliger" ist als die anderen und eben so benannt ist, wird deutlich an den Gottesdiensten, die in ihrer außergewöhnlichen Feierform sich tageweise abwechseln und in einer geballten Anzahl auf wenige Tage verteilen.
An Palmsonntag steht alles schon einmal vor Augen: von der Freude der Ankunft Jesu in Jerusalem und den Jubelruf, den man ihm dabei entgegenbringt über die Festfeier des Abendmahles und das Einsetzen der Eucharistie bis hin zum Golgotagang, der furchtbaren Kreuzigung auf dem Hügel mit den beiden Schächern an seiner Seite und der ohnmächtigen Grabesruhe am darauffolgenden Tag!
Es ist das Ursprünglichste und Eigentlichste unseres christlichen Glaubens, das wir in diesen Tagen feiern - und ihre Bedeutung wird uns gerade aus der Urkirche her bewusst als das Eigentlichste Fest des ganzen Jahres, das eben das Osterfest war mit seinem ganzen Kreuzes- und Auferstehungsgeheimnis.
Von hier geht alles aus und hierher kehrt alles zurück: Es ist nicht bloß der gekreuzigte Jesus, an den wir uns besinnend und bewundern erinnern, es ist der Christus, der erst die ganze Dimension seines Lebens und Sterbens in der Auferstehung eröffnet hat und der als der Gegenwärtige uns heute begegnet und uns hineinnimmt in seine erlösende Beziehung zur Welt und zum Vater.

Auch wenn das Kruzifix aus dem generellen Bewusstsein etwas zu verschwinden scheint - in vielen protestantischen Kirchen sieht man ja bloß den leeren Kreuzesbalken mit einem weißen Schal darüber - "weil doch Christus auferstanden ist..!", und man so durchaus berechtigt einer "frohen Hoffnungsbotschaft" das Wort sprechen möchte - das Kreuzesgeschehen selber behält doch seinen herben und anstoßenden Charakter: Man hat ihn eben nicht haben wollen mit seiner Botschaft - und es ist die Ablehnung und das Unbequeme, durch das er doch erst zum Befreier werden konnte. Die frohmachende Botschaft redet eben nicht nach dem Mund und dem Gefallen der Welt, sondern spricht der Welt sein rettendes Wort zu - und das ist allzuoft verwechselt mit der Gefälligkeit, mit der der Mensch sich zu gerne selbst erretten möchte - und was dem entgegenstößt: "Kreuzige ihn".

Das "Cruzefige" beginnen wir mit seinem vorläufigen Ende bereits am Schmerzensfreitag in Bad Rippoldsau - und sehen das Ergebnis an der Schmerzensmutter. Es ist ein starkes Ergebnis, das uns im Hauptamt erschließen wird: dass die Gottesmutter nicht am Hass der Menschen verzweifelt, sondern verzeihend und tröstend uns ihren Sohn hinhält: das starke Zeugnis einer Frau, die nicht nur die Menschen, sondern ihren Sohn verstanden hat! Und daran werden auch wir in diesen "heiligen" Tagen uns aufrichten und bestärken dürfen!
Eine gesegnete Karwoche Ihnen allen!

Palmsonntag

Liebe Pfarrgemeinde!

Mit Palmen stellt man sich gemeinhin ja ein Land sonniger Wärme, meterlangem Strand mit feinem, ockerbraunem Sand an lagunenblauer Meeresküste und erholsamer Ferienstimmung vor.
Wenn wir hier in unseren Breiten "Palmsonntag" feiern, dann trifft ja all dies eigentlich so gar nicht zu. Und auch wenn wir wissen, dass der Ursprung dieses Festes aus einem Land kommt, in dem es durchaus heiß und sonnig ist und dort Palmen heimatliche Gewächse sind - mit entspannender Ferienstimmung und Stranderholsamkeit hat das Ganze auch wenig gemein.
Palmen sind aber abseits unserer heutigen reisefreudigen Feriensymbolik in der Antike immer auch besonders Zeichen des Sieges gewesen. Geeignet, durch die Größe und Form ihrer Blätter weithin sichtbar zu sein und wegen der grünen Farbe, die in den trockenen und bloß ockerbraunen Ländern wie ein sehnsuchtsvoller Farbtupfer wirken, wurden sie beim siegesvollen Einzug des Kaisers nach vollendeter Schlacht als begeistertes Begrüßungssignal emporgewedelt: "Kyrie-eleison! Sieg dem Kaiser!"
Dass dieser jubelnde Siegesruf gerade auch Christus galt, zeigt, wie sehr er bereits zu Lebzeiten von jüdischen Kreisen als der erwartete Messias und Sieger angesehen wurde: Er ist es, der uns Heil von Gott bringt und uns erretten kann...
Diese Tradition hat sich in der frühen Kirche dann für die Karwoche erhalten - weniger wegen der folkloristischen Freude, die mit diesem orientalischen Brauch irgendwie auch uns berührt und mit Palmbasteln und dem schönen Einzug in die Kirche exotisch und effektvoll wirkt - sondern besonders seiner eindrücklichen Aussage wegen:
Jesus Christus ist *der Sieger, dem es wirklich gilt zu huldigen - und auch wenn die damalige Bevölkerung nur kurz danach ihm ihr "kreuzige ihn!" zugerufen hat, so wurde am Ostermorgen doch bestätigt, dass IHM die wahre Siegespalme der Auferstehung gilt.*
So rau und schwer manche Wege des Lebens auch sein mögen und unser Leben von harten Umständen manchesmal durchkreuzt wird - wir brauchen und freuen uns doch immer wieder an der Idee der "Palmen", die uns das Bild von Freiheit, Entspannung, Ferien und Exotik liefern - und auch wenn es bei uns kein heimisches Eigengewächs ist, wir nehmen es gerne auf mit dem Wissen, dass es für den Sieg Christi keine Grenzen gibt und sein Ankommen in dieser Welt allen gilt - auch hier bei uns!

Einen gesegneten Palmsonntag Ihnen allen!

Ostern

" Surrexit Dominus, surrexit vere! Halleluja!"

Mit diesem Gruß, liebe Pfarrgemeinde, sei Ihnen allen von Herzen ein gesegnetes und beglückendes Osterfest gewünscht, das wir nicht nur in der Osternacht und am Ostersonntag so feierlich begehen, sondern das uns weiter begleiten wird, über die Oktavwoche hinaus bis hin an unser Pfingstfest!

Der Herr ist auferstanden, Er ist wahrhaft auferstanden! Das ist eine Botschaft, die für weltliche Ohren wie ein erfundenes Mythenmärchen klingt: wie kann einer, der in unserer Geschichte als Mensch historisch bezeugt ist, von den Toten auferstanden und als lebendiger Mensch aus dem Grab herausgestiegen sein? Selbst wenn er sich als Gottessohn ausgibt, vom Wesen der Naturgesetze her ist das unmöglich!
Rein vom Wesen der Naturgesetze ist das wirklich unmöglich - es sei denn, man erkennt "Natur" als etwas umfassenderes an als nur den Horizont unserer erdlichen Wolkendecke. Naturhaft ist dann auch die Wirklichkeit, die sich eben auf der Ebene des erdlich-übersteigenden abspielt - und in dieser Hinsicht ist es durchaus auch vernünftig, wenn das Göttliche nicht nur in diese Welt hineinbrechen, sondern auch durch sie hindurchsteigend sie wiederum mit sich, dem Göttlichen, verbinden kann!
Die Natur Gottes ist nämlich die Liebe: die Liebe zur Welt und die Liebe zum Menschen - und als solche übersteigt das Gesetz Gottes in unbeschreiblicher Weise die kleinen Gesetze unserer Welt. Das gilt übrigens nicht nur für die großartige Erweiterung unserer Naturgesetze, sondern auch für eine Erweiterung unseres persönlichen Lebens: wie eng der menschliche Horizont werden kann, sehen wir nicht nur in den verheerenden Folgen unserer Finanzkrise und dem Raffgebaren ganzer Wirtschaftszweige, der Mensch wird sich selbst zum Gesetz, wenn der Horizont nicht weiter geht als die eigenen 80 oder 90 Jahre. "Der Mensch ist des Menschen Wolf" ist dann wirklich das menschliche "Naturgesetz", mit dem wir uns nur vernichten können.
Hier hinein spricht uns das Osterfest den glücklichen Ausbruch aus unserem reinen "All-Dasein" in ein "Welt-sein": eine Welt, in der uns Gott begegnet, mit sich verbindet und uns einen Horizont eröffnet, der frei macht!
Das werden am Weißen Sonntag unsere Kommunionkinder zum ersten Mal in ihrer dichtesten Form erfahren dürfen, wenn sie diese "Welt" in ihren eigenen Händen halten dürfen! Der auferstandene Christus ist uns nah und innerlich, wie sonst keine andere Person - und in dieser Verbundenheit können wir unsere Welt in seiner Liebe weiten!

Dass Ihnen allen der Auferstandene in diesen Tagen lebendig begegne, wünsche ich Ihnen von Herzen!

Ostersonntag

Singt das Lob dem Osterlamme
bringt's Ihr Christen jubeln dar!
Denn erlöst ist in dem Lamme
der verstrickte Schafe schar!
Mit dem Vater er versöhnte,
Christus ohne Sünde Schuld,
aller Menschen Sünd' er sühnte.

Liebe österliche Gemeinde!

Mit diesem schönen Ostergruß der Sequenz am Ostersonntag aus dem 11. Jahrhundert darf Sie dieses Osterwort durch die österlichen Tage begleiten und ihnen die Segensfreude dieser Tage in Ihr Haus tragen!

Das Osterlamm!
Bei uns allen ist es ja sehr beliebt als Ostergebäck zum Frühstück oder wir kennen es in Schokoladenform - es ist der *Inbegriff von Ostern geworden. Und das auch wirklich zurecht! Schon biblisch beruft Jesus sich auf die altjüdische Schlachtung der Lämmer am Pessachfest und bezieht es auf sich selbst: er selbst ist das unschuldige Lamm, das zur Schlachtbank geführt, dessen Blut das Volk versühnt und dessen Fleisch stärken soll.*

Das Neue Testament greift diese Metapher zwar vereinzelt auf, besonders in den Paulusbriefen und in der Offenbarung des Johannes leuchtet es als endzeitliches Symbol auf, aber seinen eigentlichen Ausdruck für die Osterzeit hat es weithin erst durch die oben genannte Sequenz im 11. Jh. erhalten, die in der breiten Bevölkerung gerne aufgegriffen wurde und bis heute das Urbild des Ostertages geblieben ist!
Auch wenn viele den Hintergrund dieses Opferlammes nicht ganz verstehen und manche es nur für ein nettes Ostertierchen halten mögen- die starke Ausdruckskraft dieses Symboles ist - anders als die Häschen an Ostern oder die Weihnachtsmänner an Weihnachten - zutiefst christlich: Christus ist wirklich das Opferlamm, das die Sünde der Welt auf sich genommen und an die Hingabe des Kreuzes getragen hat.
Seine Hingabe des Lebens erreicht aber das Neue und Großartige: Verwandelt wird der Schmerz in Freude, gewandelt wird der Tod in Leben! Der Ostertag ist der Sieg der Liebe über die Selbstsucht und letztendlich der Sieg Gottes über den Tod des Menschen!

Und so wünsche ich mit diesem Ostergruß Ihnen allen von Herzen den befreienden Segen und die tiefe Freude unseres Osterlammes!
Ein gesegnetes Osterfest Ihnen allen!

Die Osterzeit

2. Ostersonntag

Liebe Pfarrgemeinde!

Viel ist über den polnischen Papst gesprochen worden - zu seinen Lebzeiten nicht nur gutes. Zu polnisch sei er gewesen, zu marianisch, zu traditionell. Er sei zu viel gereist und habe zu viele Menschen heiliggesprochen!
Er war eben ein Mann der Superlative.
Und selbst noch just in diesen Tagen, wenige Jahre nach seinem Tod, da man nun seine ganze Größe erkannt hat und das Umwerfende seiner Wirkmacht fassen kann, da hören bestimmte Kreise nicht auf, seinen Einfluss mit platten Vorwürfen kleinreden zu wollen: Er habe aufgrund seiner Kritik an der Befreiungstheologie die Option der Armen verraten...
Dies alles tut seiner Größe keinen Abbruch! Im Gegenteil - entlarven sich damit doch die Kritiker selbst ihrer eigenen Beschränktheit des Denkens.
Schon in den letzten Stunden vor seinem Tod haben ungezählte seine wirkliche Lebensleistung erkannt: eine Welle tiefer Bewegung ist während seines Requiems durch die Welt gezogen.
Nun ist Papst Johannes Paul II. in die Schar der Seligen und Heiligen aufgenommen, von Millionen von Menschen in Rom und an den Fernsehgeräten begleitet. Man kann hier wirklich von der "vox populi" sprechen - nicht nur von einem beliebigen Mehrheitsempfinden, sondern von einem tiefen inneren Gespür der gläubigen Menschen: was dieser Papst gelebt hat, ist wahr!
Das "Santo Subito", das "bald Heilig!" der Menge, drückt im Grunde das aus, als was man ihn bereits erkannt hat: als einen Heiligen. Seine umfassende, prophetische Sicht für die menschlichen Grundwerte des Lebens, seinen unerschütterlich starken Glauben, seine abgrundtiefe Hoffnung in das Heil der Menschen und seine Nachfolge Jesu im Kreuz strahlte aus seinem ganzen Leben, aus seiner gesamten Persönlichkeit heraus.
Eigenartiger Weise ist er - je älter er wurde - mehr und mehr zum Papst der Jugend geworden. Eine ganze Generation hat er bei den Weltjugendtagen und Jugendtreffen geprägt.
Dass gerade mit unserem strahlenden Weissen Sonntag der "Sonntag der Barmherzigkeit" verbunden ist, den er mit einer so großen Geste und dem tiefen Bedürfnis nach einer Kultur der Versöhnung und des richtigen Blickes auf die übergroße Barmherzigkeit Gott eingeführt hat, ist ein wertvolles und hoffnungsfrohes Zeichen:
Der Weg der Kirche ist der Weg der Menschen - und der Weg zu Gott ist die Heiligkeit!
Dass dies keine Utopie und keine weltfremde Haltung ist, sondern uns ganz nahe steht, das hat Johannes Paul uns und unseren Kindern vorgelebt!

Eine gesegnete 2. Osterwoche Ihnen allen!

3. Ostersonntag

Liebe Pfarrgemeinde!

So schnell sind sie vergangen, unsere Kar- und Osterfesttage mit ihrer so eigenen Prägung: die herben Kartage mit dem Gedenken des Leidens Jesu, die geheimnisvolle Osternacht mit dem eigenen Lichtritus, der frohe Osterjubel und die entspannten freien Tage, die Besuche bei der Verwandtschaft, das frohe Ostereiersuchen mit den Kindern, der Spaziergang am Ostersonntag und natürlich auch die jugendfrische Feier der Erstkommunion und die freudigen Tage des Weißen Sonntages.
So vieles an Vorbereitung und Hinführung ist dem zuvorgegangen und wir dürfen an dieser Stelle allen von Herzen Dank sagen, die dazu beigetragen haben, dass diese Tage wirklich wieder zu einem gelungenen und erfüllten Erleben werden durften und diese Ereignisse uns mitnehmen konnten: angefangen von dem Gestalten und Richten des Kirchenraumes, den Messnern, den Reinigungskräften und dem Herrichten des Blumenschmucks, unseren liturgischen Begleitern und den Ministranten, unseren Kirchenchören, Solisten und Organisten mit der wunderbaren musikalischen Begleitung dieser Tage, unseren Katecheten zur Hinführung und Vorbereitung unserer Kinder auf den Weißen Sonntag hin! Viele weitere wären zu nennen, und vor allem auch allen, die diese Tage innerlich mittragen und in ihr eigenes Leben umsetzen.
Ihnen allen ein sehr herzliches Vergelt´s Gott dafür!
Jetzt sind sie wieder vorbei, diese Tage, könnten wir sagen.
Aber eigentlich beginnt es ja erst: das frohe Entdecken, was Auferstehung bedeutet, es im Eigenen durchzubuchstabieren und sich dann am Pfingstfest von der Kraft des Hl. Geistes durchstrahlen zu lassen, um missionarische Kirche zu werden, damit es dann auch anderen leuchte.
Es sind schöne Tage, diese Osterwochen bis Pfingsten! Nicht nur meist wegen des Wetters, sondern besonders wegen ihrer unsere Zeit durchdringende, hoffnungsfrohe und aufbruchsstarke Prägung. Auch wer sich sonst nicht so christlich wähnt: niemand kann sich dem Zauber dieser Tage wirklich entziehen - und wer auch nur ein wenig für die Zeichen der Zeit offen ist, entdeckt, wie sehr in diesen Tagen die Osterbotschaft weiterklingt und wie zukunftsstark der Auferstehungsblick aus der Höhe uns in dieser Zeit trägt.
Wie sehr wir diesen Blick ja auch brauchen, zeigen so manche furchtbaren Ereignisse selbst in diesen Ostertagen. Grausam erfahren wir, dass wir auch in diesen Tagen nicht von Furchtbarem verschont bleiben; aber es eröffnet uns eine Sicht, vielleicht anders mit diesem Geschehen umgehen zu können: nicht mit Hass und Verzweiflung zu antworten, sondern dem mit der mitleidenden Haltung und erschütterndem Trost der stärkeren Kraft dieser Tage zu begegnen.

Ihnen allen eine gestärkte 3. Osterwoche

4. Ostersonntag

Liebe Pfarrgemeinde!

Das Evangelium des 4. Ostersonntags hat diesem Tag das Thema gegeben: mit dem "Guten-Hirten-Sonntag" hat 1964 Papst Paul VI. für die Weltkirche den "Weltgebetstag der Geistlichen Berufe" eingeführt und die Gläubigen auf der ganzen Welt eingeladen, im Gebet und in geistlicher Verbundenheit Mitverantwortung zu übernehmen für die Weckung der geistlichen Berufe.
Nun sahen diese 1964 noch weitaus beträchtlicher aus als heute - und doch gilt diese Initiative Papst Pauls VI. wirklich als visionär! Noch zu einer Zeit, da Priestermangel und schließende Ordenshäuser unvorstellbar waren, wußte er um die Bedeutung in der Belebung der geistlichen Berufe nicht nachzulassen und für die schwieriger werdende Zukunft vorzubauen!
Wir müssen leider feststellen, dass zumindest in unseren westlichen Breiten der große geistliche Erosionsprozess bereits gewaltig vorangeschritten ist. Seminare müssen zusammengelegt werden, in einigen Diözesen wird in einem Jahr nur ein Priester geweiht und manche Diözesen haben seit Jahren sogar keine Priesterweihe mehr. Ordenshäuser schließen ihre Deutschen Provinzen inzwischen zu "deutschsprachigen" Provinzen mit Österreich und der Schweiz zusammen, und Mutterhäuser, seit Jahrzehnten ohne Novizinnen, gleichen einem Alten- und Pflegeheim in der Sorge, was aus ihren Gebäuden einmal werden soll.
Auch die Diözese Freiburg - bislang noch einigermaßen von dem rasanten Abwärtsschwung verschont - gleicht sich nun der Lage auch an - wie sollte es angesichts gesamtgesellschaftlicher Prozesse auch anders sein - manche Jahrgangskurse des Priesterseminars haben nur einen oder drei Priesterkandidaten! "Die Lage wird dramatisch" hieß es vor kurzem bei der Offenburger Dekanatskonferenz und jeder der auch nur ein wenig rechnen kann weiß, dass die Lage der Diözese in wenigen Jahrzehnten ganz anders aussehen kann.
Diese Sorge gilt natürlich uns allen - und gerade wegen dieser so hilflosen Situation ist uns die Botschaft des Guten Hirtensonntages doch eine ganz wichtige: ER ist der Hirte, der die Kirche führt und leitet - und bei aller Sorge dürfen wir doch letztlich IHM unsere Not überlassen! In diesem ganz großen und zuversichtlichen Vertrauen braucht es aber doch eines ganz wesentlich: das feste und inständige - und unablässige - Gebet um geistliche Berufe!

Mit der Bitte um Ihren Gebetsbeitrag wünsche ich Ihnen eine sich gut einbringende Woche!

Gebetsinitiative "Woche für das Leben"

Liebe Pfarrgemeinde!

In der ersten Maiwoche findet auch in diesem Jahr wieder die von den beiden christlichen Kirchen vorgestellte "Woche für das Leben" statt.
Nachdem in den letzten Jahren der ursprüngliche Gedanke dieser Woche durch die ökumenische Zusammenarbeit mit der evangelischen Kirche immer mehr in die Belanglosigkeit täglicher Alltagsgegebenheiten abgedriftet ist ("Kinderfreundliche Gesellschaft"; "Mit allen Generationen leben"; "Gesund leben"; "Zusammenhalt gestalten"...), hat sich die Kommission wieder dem ursprünglichen Anliegen zugewendet, mit dem 1991 die katholische Kirche diese Woche im eigentlichen Anliegen initiiert hat: dem Schutz des ungeborenen Lebens.
Mit dem Motto "Kinderwunsch - Wunschkind" wird das Augenmerk und die Kritik auf eine Entwicklung hingewiesen, die mit der Reproduktionsmedizin und der milliardenschweren Industrie einer Einflussnahme auf das vorgeburtliche Leben durch künstlichen Eingriff und der Herstellung künstlich erzeugten Lebens aktueller nicht sein könnte. Allein in den Vereinigten Staaten von Amerika konkurrieren mehr als 480 Fruchtbarkeitskliniken und mehr als 100 Samenbanken miteinander um die Gunst kinderloser Paare. Ein als so genanntes "Retortenbaby" künstlich im Labor erzeugtes Kind ist durchaus keine utopische Seltenheit mehr, sondern mit 50.000 erzeugten Kindern im Jahr mehr und mehr gesellschaftlicher Alltag geworden.
Es ist nicht nur dem medizinischen Fortschritt zu verdanken, dass Kinder immer weniger als "Gabe und "Geschenk" empfunden werden und mehr und mehr als "Projekt", dem man sich selbst gestaltend widmet und nach seinen Wünschen "planen", "gestalten" und "herstellen" kann. Die "Bauteile" Samen und Eizelle sind längst global käuflich und handelbar und können nach Katalog ausgewählt und bestimmt werden. Dass dabei selbst die Schwangerschaften nicht mehr selbst vollzogen, sondern durch so genannte "Leihmütter" erkauft werden können, zeigt nur die immer sinn-entleertere und entmenschlichtere Dimension solcher Entwicklungen.
Es ist vor allem eine Frage des Menschenbildes, der Weltsicht und der eigenen Einstellung zum Leben, die in unserer Gesellschaft bestimmen wird, ob und wie weit solche labor- und gentechnisch entwickelten, mit Genscheren veränderten, reproduktiv hergestellten, künstlich erzeugten und fremd ausgetragenen Kinder zu einer veränderten Einstellung zum Leben und zum Menschen überhaupt führen wird.
Dass sich die technischen Entwicklungen mit einer "Woche für das Leben" irgendwie aufhalten lassen, ist sicher kaum zu erwarten. Aber den Einblick in die Dramatik dieser die genetischen Grundlagen unseres Menschseins und der Persönlichkeit verändernden Entwicklung und einen Orientierungsrahmen für das eigene Handeln zu geben,
das ist das absolut notwendige Gebot dieser Stunde.
Niemand soll nachher sagen können, man habe um die Sachlage nicht gewusst und die Entwicklungen und Folgen nicht absehen können.

Mit dem herzlichen Gruß in eine neue Lebenswoche!

Abschluss der Gebetsinitiative "Woche für das Leben"

Liebe Pfarrgemeinde!

Gerade ist die "Woche für das Leben" zu Ende gegangen, eine Initiative, mit der die Katholische und Evangelische Kirche gemeinsam seit über 20 Jahren einen wichtigen Beitrag zur Bewusstseinsbildung für den Wert und die Würde menschlichen Lebens leisten will. Waren in den vergangen Jahren die Themen etwas marginal gewesen - so hat sich nun die "Woche für das Leben" wieder einer ganz elementaren Frage des Lebens und unserer Gesellschaft angenommen, das zudem zur Zeit sehr diskussionswürdig und hochaktuell ist: die Frage unseres selbstbestimmten Endes. Nach medialen und spektakulären Entscheidungen bekannter Persönlichkeiten und betroffen machender Fälle in Familien, Hospizen und Krankenhäusern steht schon die Frage, um die ja in den Diskussionssendungen hart gerungen wird: darf der Mensch seinem Leben selbst ein Ende setzen? Ist das nicht der Ausdruck seiner selbstbestimmten Freiheit und gibt es nicht Ereignisse und Begebenheiten, die das wirklich auch rechtfertigen? Und wie sieht es mit denen aus, die ihnen dabei helfen und sie bei ihrem Vorhaben unterstützen und dies ermöglichen?
Mit rein gesellschaftlichen Argumenten ist man da schnell in der Schiene: Selbstbestimmung und menschliche Freiheit gilt auch für das Ende des Lebens einerseits und gleichzeitig die Frage nach den Gründen einer Selbstaufgabe und die Verantwortung der Helfer andererseits. Rein gesellschaftlich kommt man aus dem Dilemma der Gründe und der Ermöglichungen einer Selbsttötung nicht heraus, wenn man die Grundkriterien unseres Lebens überhaupt aus dem Blick verloren hat.
Da gibt uns der 4. Ostersonntag eine ganz eigene und erhellende Blickrichtung: wenn wir da Jesus als den "Guten Hirten" verehren, dann entdecken wir, wie sehr es ihm am Herzen liegt, dem Verlorensten, dem Letzten und dem Ärmsten nachzugehen! Und es eröffnet uns den Blick der Kirche für das Leben überhaupt: Es kann nicht sein, in den verlorensten und schlimmsten Augenblicken den Menschen alleine zu lassen und ihm nur noch den Ausweg des selbst ausgeübten Todes zu überlassen oder ihn noch dazu zu ermutigen.
So schwierig da Einzelfälle und Selbstentscheidungen zu bewerten sind - ist es nicht Aufgabe und Auftrag einer christlichen Gesellschaft Menschen zum Leben zu ermutigen anstatt ihnen den Tod zu wünschen? Das Nachgehen des Guten Hirten erfordert die Überlegung, wie Menschen beigestanden werden kann, dass ihnen - trotz der Schwere ihrer Lage - das Leben lebenswert und lebenswürdig erscheint und ihnen im Nächsten die Gottesliebe aufscheinen kann.
Den Tod als letzten Ausweg zu sehen ist eine Kapitulation des Lebens - nicht nur des Betroffenen sondern auch unserer Gesellschaft als Ganzer!

Dass wir da Lösungen und Hilfen finden, sollte nicht nur für eine Woche für das Leben Gesprächsstoff sein!

4. Ostersonntag - Weltgebetstag für Geistliche Berufe

QUO VADIS?
Wohin gehst Du?

Liebe Pfarrgemeinde!

Navigationsgeräte sind schon eine feine Sache: aus dem Gerät ertönt eine freundliche Stimme, die sicher ans eingegebene Ziel führt. Rechtzeitig erhält man den Hinweis zum Abbiegen, sodass erst gar keine Hektik aufkommt. Selbst wenn man sich verfahren haben sollte, sagt die nette Stimme: "Nutzen Sie die nächste Möglichkeit zur Umkehr!" So ist uns das Fahrziel sicher.
Mit dem alltäglichen Leben ist es leider nicht immer so einfach.
Wege und Möglichkeiten gibt es ja genug - und Stimmen, die uns etwas angeben auch nur zu Hauf!
Welche aber ist jeweils die richtige und paßt wirklich zu meinem Lebensziel?
Manchmal wünschten wir uns wirklich einen Impuls von oben, der zum Beispiel sagt: "Jetzt ist es Zeit für dies und jenes" oder "Mach das auf keinen Fall! Kehre um!"
Nun, den Impuls von "oben" - den gibt es schon. Es stellt sich nur die Frage wie unser inneres "Navigationssystem" eingestellt ist, ob unsere Antennen empfangsbereit sind. Und gerade auch für die Orientierung und Berufungsfrage junger Menschen ist diese "innere Antenne" einfach Lebensnotwendig!

Dank der Initiative von Papst Paul VI. im Jahr 1964 wird der 4. Sonntag der Osterzeit jeweils als "Weltgebetstag der geistlichen Berufe" begangen. Mit dem diesjährigen Jahremotto "Quo vadis?" kommt gerade dieser Aspekt der geistlichen Ausrichtung besonders zur Geltung!
Es gibt Menschen, die haben ihrem Leben eine bewusste Richtung gegeben und für die ist der "Draht nach oben" zu einer zentralen Lebensorientierung geworden.
An dem Beispiel unzähliger Heiliger wird uns deutlich, wie sie ihren Weg gebahnt haben, wie sie ihre Entscheidungen trafen und was ihnen geholfen hat, die richtige Richtung zu finden.
Gerade in der Frage des persönlichen Berufungsweges sind Vorbilder unersetzliche Wegweiser, die die Horizonte des eigenen Lebens eröffnen. Dass unser diesjähriges Gebet um geistliche Berufungen viele anspornen möge, ihren Weg mit Gott zu finden und so ihrem Leben eine gelungene Orientierung zu geben - und uns allen die Antwort ins Herz lege: Quo Vadis - wohin gehst Du eigentlich?

Bleiben wir verbunden Im Gebet um die Berufungen unserer Kirche!

4. Ostersonntag - Sonntag des Guten Hirten

Liebe Pfarrgemeinde!

Selten war die Sorge um "gute Hirten" drängender und besorgender als in diesen Tagen!
Eine Menge Kandidaten haben sich in den vergangenen Monaten und Wochen für das "Hirtenamt" eines Landes aufstellen lassen - und natürlich meint jeder von ihnen, der richtige und der ideale zu sein.
Dass dabei manche lediglich ihre übersteigerte Persönlichkeit in den Vordergrund stellen und erst im Nachhinein merken, dass mit bloßen Parolen ein Land nicht regiert werden kann und das weltpolitische Gespür und die sensiblen globalen Zusammenhänge schwieriger sind als gedacht, zeigt nur, wie verantwortungsvoll und bedeutsam - und auch explosiv - solch ein Amt ist.
Schlimm, wenn das erst im Nachhinein erkannt wird und bestimmte Richtungswege bereits eingeschlagen sind, die nicht nur die eigene Nation, sondern das ganze Weltgeschehen mit beeinflussen und sprengen können. Amerika und Großbritannien haben es vorgemacht, und jetzt steht erneut eine Fanalentscheidung an, wenn in Frankreich am kommenden Sonntag die letzten beiden Präsidentschaftskandidaten um ihren Sieg kämpfen.[1] *Streiten läßt sich leicht, was gut für ein Land ist, und da können Meinungen gerne unterschiedlich sein. Entscheidender und wesentlicher aber ist, was einen "guten Hirten" ausmacht, der ein ganzes Land regieren, Sicherheit und Wohlergehen verantworten und eine Nation nach vorne bringen muss! Wer nur mit meinungsideologischen Schlagworten sein eigenes, enges Weltbild durchsetzen will, sich im Rausch eigenmächtiger Führungsentscheidungen sonnen möchte und auf das Pferd machtpolitischer Selbstständigkeit setzt, mag vielleicht Aufsehen erregen, ein Land aber zu echter Blüte verhelfen, wird er wohl kaum.*
Vielleicht sollten sich die zukünftigen "Hirten" mehr an den wahren "guten Hirten" halten, der nicht sich selbst und seinen Eigensinn in den Vordergrund stellt und sich in der Lust eigener Machtausübung und Herrscherwillen ergibt, sondern sich ganz für den anderen in Dienst nehmen läßt, alles im Blick zum Wohl des anderen sieht und bis zur eigenen Ganzhingabe bereit ist sich für den anderen zu verzehren und für die gelingende Zukunft umsichtig und weitherzig zu lenken.
Dass ausgerechnet am "Guten Hirtensonntag" in Frankreich die endgültige Präsidentschaftsentscheidung fällt, läßt uns einladen, nicht nur, wie es Papst Paul VI. uns zum Welttag der Geistlichen Berufe eingeladen hat um gute Kirchenhirten , Bischöfe, Priester und Ordensleute - sondern gerade in diesen Tagen besonders auch um gute Staatsmänner zu beten,
denn "gute Hirten" haben wir allethalben dringend nötig!

---

[1] Es ging um die Entscheidungswahl zwischen Emmanuel Macron und Marine Le Pen im Entscheidungswahlkampf 2017

Muttertag

Liebe Pfarrgemeinde!

Der Muttertag ist ja nun nicht gerade ein kirchlicher Gedenktag!
Von der Methodistin Anna Maria Jarvis 1907 zunächst aus persönlichen Gründen begangen und dann 1909 in Grafton USA in der Methodistenkirche eingeführt, 1914 als offizieller Feiertag in den Vereinigten Staaten angesetzt und von den Engländern übernommen, dann ab1917 in die Schweiz, nach Finnland und Norwegen expandiert, ist sein Übergang in die Deutsche Feiertagslandschaft nicht gerade rühmlichen und unbelasteten Ursprungs.
Interessant ist, dass der Muttertag in Deutschland am 13.Mai(!)[1] *1923 ausgerechnet von dem Verband der Blumengeschäftsinhaber angestoßen worden ist und er, mit der Machtergreifung Hitlers 1933 zum offiziellen Feiertag in Deutschland eingeführt, im Zuge des "Reichsmütterdienstes" und der "Reichsfrauenführung" zur Ehrung mit dem Ehrenkreuz, der Deutschen Mutter diente.*
Bezeichnend ist es übrigens auch, dass nach dem Zweiten Weltkrieg, anders als in der Bundesrepublik, in der ehemaligen DDR der Muttertag als Feiertag nicht übernommen, sondern als "Internationaler Frauentag" umbenannt begangen wurde.
Trotz all dieser doch nicht nur unbelasteten Hintergründe, hat bis heute der Muttertag doch seine populäre Beliebtheit nicht eingebüßt und hat - durchaus aus kirchlich - gerade heute wieder seine hochaktuelle Bedeutung!
Es steht eben - allen gesellschaftlichen Gegenströmen zum Trotz - doch im tiefen Bewusstsein, dass wir unser Leben unseren Eltern verdanken und es eben gerade die Mutter ist, die uns am tiefsten und eigentlichsten geprägt hat!
Die Dankbarkeit darüber steht ja gerade in der großen Debatte um die sogenannte "Mütter-Rente" auch politisch in Diskussion, und es ist eigentlich ein trauriges Zeichen einer Gesellschaft, wenn sie den Wert und den Schatz des wertvollsten Gutes, der im Leben eines Menschen steht, nämlich den eine liebende und fürsorgende Mutter gehabt zu haben, nicht mehr zu schätzen weiß!

Der Kirche war der Wert der Mutter stets tief in ihrem Bewusstsein verankert - nicht nur im Wissen um die biologische Mutter und die Bedeutung der Mütterlichkeit im Zusammenhang sozialen Gelingens, sondern besonders in der Grundtatsache, dass mit der Mutter Jesu die Mutterschaft selbst zu einer kirchlichen Grundeigenschaft geworden ist und somit Maria als Urbild der Kirche das Ursymbol mütterlichen Wesens darstellt. In ihr dürfen wir das Zielbild der Mutter an sich sehen, das in Gott seinen Ursprung hat. Von daher können wir den Muttertag, gerade im Marienmonat Mai, ganz besonders auch kirchlich geschätzt wissen und freuen uns mit diesem Tag unsere Dankbarkeit für die Mutter auszudrücken!

---

[1] Der 13. Mai 1917 ist der erste Erscheinungstag Unserer Lieben Frau von Fatima und von daher die 13. eines Monats in der marianischen Frömmigkeit besonders in diesem Bewusstsein gehalten.

1. Mai

Liebe Pfarrgemeinde!

Gemeinhin ist der 1. Mai ja ein regelrechter Ausflugstag!
"Tag der Arbeit" wird er benannt - und gerade deshalb bezeichnend, dass man an diesem Tag eben nicht arbeitet!
Wir brauchen Tage, an denen Leistung, Verdienst und Alltag unterbrochen werden und wir uns auf uns selbst besinnen und auf das, was uns vom Wesen her ausmacht und auszeichnet.
Dazu zählt auch das Arbeiten - und so ist es nicht ohne Grund, dass gerade an diesem Tag die Kirche des Hl. Josef als "dem Arbeiter" gedenkt und damit das schöpferische Tun der Hände und das eigene Wirken besonders Wertschätzt.
Um uns dessen aber Bewusst zu werden, bedarf es oft einer Änderung des Blickfeldes, einer nötigen Unterbrechung - und da dürfen wir den 1. Mai als Gelegenheit einer anderen Perspektive gerne annehmen!
So beginnt der Mai weithin mit einem "Ausflug", der einem den Blick "von außen" auf unseren Alltag schenkt - eine Eigenschaft, die unserer pilgernden Kirche ja ganz eigen ist, denn nicht nur mit der Auferstehung und Himmelfahrt Christi ist ihr dieser Blick über Welt und Leben hinaus gegeben, sie ist dadurch selbst hineingenommen, immer wieder über sich selbst "hinauszufliegen".
Das zeigt sich besonders an der Gottesmutter Maria, die als von Gott begnadete regelrecht über das rein menschliche hinausgewachsen ist und aufweist, zu welcher Höhe das Menschsein fähig ist.
So ist sie gerade als Maienkönigin der Inbegriff des Blühenden, Reinen und Schönen, ein wirklicher "Ausflug" echten Menschseins.
Es zeigt sich damit aber auch in allen Menschen, die sich für diese Weite des Blickfeldes in der göttlichen Dimension her öffnen und sich ihr ganz hingeben.

"Der schönste Mensch ist der betende Mensch", sagte einmal ein großer Menschenkenner, und eröffnet damit, wie sehr jeder Mensch im Anruf Gottes zu einer "inneren Blüte" gelangen kann!
So ist mit dem Guten-Hirten Sonntag auch der Weltgebetstag der geistlichen Berufe verbunden, mit dem wir uns das große Anliegen zu eigen machen, dass doch immer mehr - auch junge Menschen - sich ganz diesem Anruf öffnen und in ihrer Ganzhingabe uns auf das Wesentliche des Menschseins immer wieder hinweisen.

Ihnen allen einen "blühenden" Start in den Marienmonat Mai!

Maiandachten

Liebe Pfarrgemeinde!

Beim Wort "Maiandachten" kommen den meisten von Ihnen wahrscheinlich ganz unterschiedliche Gedanken und Erinnerungen auf!
Sicherlich ersteht vor Vielen die geschmückte Kirche, die vom Duft der Frühlingsblumen erfüllt ist, die Lichter und Lieder, in denen Wärme, Herzlichkeit und Zuversicht aufklingen und die ganze Atmosphäre dieser Stunden, die einfach eine innige Frömmigkeit, Farbe, Klang und starke Gefühle ausdrücken. Nicht ohne Grund, denn die Stimmung des Frühlings überträgt sich regelrecht auf den Kirchenraum:
das Blühen der Natur, die laue Luft der Maiabende, die Fröhlichkeit der Menschen in einer sich erneuernden Welt:
das alles schwingt da eben auch in diesen Augenblicken in der Kirche mit!

Für manch Anderen ist das eher sentimentale Nebensächlichkeit, ein Zuviel an Gefühl und geistlichem Ausdruck, das zu dem Nüchternen und Rationalen, dem Klaren und gefordert Schlichten unserer Zeit einfach nicht mehr zu passen scheint.
Doch wenn wir einmal in die moderne Pop-Szene unserer jungen Generation hineinschauen, dann entdecken wir in den aufgemotzten Fahrzeugen, den poppig gestylten Disco-Bars und den aufwändig technisch in Szene gesetzten bunten Lichteffekten und wummernden Klang-Beats doch eigentlich genau das selbe:
die Sehnsucht und das Erwecken von Emotionen, die Freude an Farbe und Eindruck, die sich einfach mit Hilfe von einigen Effekten auch ganzheitlich Ausdrücken will!
Auch wenn diese poppig-bunte Jugendkultur nicht gerade alle Generationen ansprechen kann und das Ziel dieser brummigen Beat-Welt sich nicht so ganz eindeutig in eine Sinnrichtung bestimmen läßt -
die eingängige Welt der Maiandacht vermag es allemal:
denn für alle Generationen und Empfindungen hat gerade in dieser stimmungsvollen Jahreszeit die Marienverehrung ihren Ort: weil sie, die Jungfrau, den Glauben als Jugend darstellt, als Neubeginn Gottes in einer vergreisten Welt: sie verkörpert Christsein als Jungsein des Herzens, als Schönheit und als wartende Bereitschaft auf das Kommende hin.
Als solches ist die Maiandacht nicht nur seicht-sentimental, sondern immer leibhaft-emotional und vor allem spirituell fundamental, denn sie weist uns hin auf die Wirklichkeit der Sehnsucht unseres Menschseins.
Vielleicht leidet unsere Zeit ja häufig an einer zu großen Unterdrückung des Gefühls, die sich leider allzuoft in eine Kälte des Geistes und Verrohung des Herzens äußert - und letztendlich auch zu einer Unfähigkeit einer inneren Freude führt.
Dem setzt der sonntägliche Abend im Mai eben einen anderen Akzent.

In der Freude auf den gemeinsamen Ausdruck dieses Erlebens seien Sie alle sehr herzlich gegrüßt!

5. Ostersonntag

Liebe Pfarrgemeinde!

Mit den "Ich bin..." - Worten hat der Herr selbst seinen göttlichen Anspruch betont. Wer kann schon von sich sagen: "Ich bin der Weg!" "Ich bin die Wahrheit" oder sogar "Ich bin das Leben!"?
Dass Er selbst nicht nur Eigenschaften besitzt, die etwas von sich selbst ausdrücken, sondern selbst die Eigenschaft schlechthin ist, *macht ihn zum versichernden Urgrund aller Wesenszüge und aller lebensschenkenden Merkmale.*
Dass wir das nicht immer nachvollziehen und so recht glauben können, ist keine ganz neue Erscheinung. Bereits seine Jünger selbst erkannten ihn nicht gleich und verstanden sein Wesen als Urgrund allen Seins nicht so recht. "Wir wissen nicht, wohin du gehst..."? Das ist manchesmal auch eine Frage die wir uns stellen: Was hat Gott bloß vor? Welche Wege der Vorsehung geht Er mit uns? Was sind die Linien und Entwicklungen der Zukunft? Und manches Mal fragen wir uns bei Ereignissen: Was will Gott und bloß damit sagen?
Es ist ja nicht so, dass wir Ihm nicht glauben wollen und Ihn auch nicht anerkennen - aber wir verstehen so vieles nicht und fragen uns dann schon: wo geht das alles bloß hin? Und wollen schnell wissen, was es alles für eine Bedeutung und einen Sinn hat.
Und obwohl eigentlich die Aussage Jesu an diesem 5. Ostersonntag gar nicht so konkret und deutlich scheint und uns keine Schritt-genaue Angabe über das Wie und Wo des Wesens der Dinge gibt, ist die Aussage doch einfach beruhigend und bestärkend: "Ich bin..."
Jesus ist nicht einfach nur ein ausübendes Organ eines anderen und teilt etwas Fremdes mit, er ist selbst das Antlitz Gottes, und wer auf Ihn vertraut, kann Sicher gehen, dass er in guten Händen ist! Wenn wir auch nicht immer die Dinge verstehen und die Lage erkennen, manchesmal auch nicht wissen, wie es weitergeht: Er führt und leitet - und wird letztlich alles zum Ziel führen. Nur eines gibt er uns zu erkennen und ermutigt uns dazu: dass wir alles auf Ihn setzen: Hoffnung und Vertrauen, Glaube und unsere Liebe. Mut braucht es schon, diesen Sprung zu wagen. Was wir aber da auf Ihn gesetzt haben, das wir uns nicht zum Nachteil sein - im Gegenteil: weil wir in ihm unseren Weg, die Wahrheit und unser Leben erkennen werden.

Eine gesegnete 5. Osterwoche Ihnen allen.

Hl. Rita von Cascia - 22. Mai

Liebe Pfarrgemeinde!

In diesen schönen Maitagen beginnen sie wieder richtig aufzuleuchten und zu blühen in allen Größen und Farben- und wir können uns an dieser Königin der Blumen so herrlich freuen: die Rose!
Für eine Heilige spielte diese besondere Blumenart eine besondere Rolle, und wird bis heute mit ihr verbunden - und es ist ein besonders schönes Zeichen, dass wir sie gerade in diesen Tagen, da alles von Rosen zu blühen beginnt, verehren:
Die Kirche gedenkt an diesem Sonntag der Heiligen Rita von Cascia.
us ganz Europa und aus Übersee strömen die Pilger an das Heiligtum des Bergstädtchens Cascia in den italienischen Monti Sibillini. Dort kann man sie heute noch sehen, in ihre Ordenstracht gehüllt und einem prächtigen Glasschrein, obwohl ihr Todestag bereits 554 Jahre zurückliegt. Als man bei der Seligsprechung 1627 ihr ursprüngliches Grab öffnete, fand man in dem Holzsarg ihren Leichnam gerade so, wie man ihn am Todestag 1457 hineingelegt hatte.
Bis heute hält dieses Phänomen an, aber nicht nur deshalb ist diese Heilige bei so Vielen weit über den italienischen Raum beliebt. Unzählige Rita-Vereinigungen und Rita-Fahrten, Rita-Öl und geweihte Rita-Rosen verbinden uns mit dieser so starken und begnadeten Frau, die das schwere Los so vieler Frauen beispielhaft meistern konnte. Ihr Traum, nach einem gottergebenen, klösterlichen Leben wurde ihr erst am Ende ihres Lebens geschenkt.
Schon mit zwölf wurde sie von ihren Eltern an einen brutalen Tyrannen verheiratet, der sie psychisch und physisch misshandelte und dem sie zwei Söhne gebar. Mit heroischer Tapferkeit ertrug sie ihren gottlosen Mann und war dabei ein solches Vorbild an Frömmigkeit, dass sie es nach über zwanzig Jahren Ehe schaffte, ihn zu bekehren. Kurz darauf wurde er Opfer eines politischen Attentats, an dessen Folgen wenig später auch ihre beiden Söhne starben. Sie hätte nun ins Kloster eintreten können, aber dort wollte man eine Witwe nicht haben - und es ist nur einem wundersamen Ereignis zuzuschreiben, dass sie doch Augustinerin werden durfte.
Es sollte zum Segen für das Kloster werden. Zu ihren Lebzeiten gab sie den kranken und leidenden Schwestern eine solche liebende Pflege, dass die gesunden Schwestern alles taten, um in die Krankenstation zu gelangen; heute birgt das Kloster eine der beliebtesten Heiligen in ihrem Herzen, das weiterhin Segen über das Kloster strömt.
Im tiefsten Winter wünschte sie sich Rosen, die wundersamer Weise auch blühten - und bei ihrem Tod strömte Rosenduft durch das ganze Kloster.
Gerade für Frauen in den schwierigen Situationen ist sie oft noch die einzige Rettung, aber auch vielleicht wegen des hoffnungslosen Falles italienischen Straßenverkehrs ist sie Patronin der Autofahrer.
Vor allem aber wegen der schönen Rosenverbindung ist sie eine solch beliebte, duftende Heilige! Wenn nun die Rosen blühen, vielleicht denken wir dann auch ein wenig an sie! Gesegnete "Rita-Woche" Ihnen allen!

Christi Himmelfahrt

Liebe Pfarrgemeinde!

„Ich bin in den Weltraum geflogen - aber Gott habe ich dort nicht gesehen!" – Mit diesem Ausspruch soll der russische Astronaut Juri Gagarin nach seiner legendären ersten menschlichen Mondlandung 1961seinen negativen Gottesbeweis festgestellt haben.
Wenn die Kirche – und wir mit ihr – am kommenden Donnerstag das Fest Christi Himmelfahrt feiert, ist das sicher nicht gemeint: eine Art „Mondfahrt" mit Rakete und Düsenantrieb. Dass Christus eben einfach „hochgeflogen" ist in das Weltall und man dann dort irgendwo leiblich Gott begegnen könne, ist eine Anschauung, die den ernst des Glaubens nicht erkannt und die tiefe der Gotteserkenntnis nicht verstanden hat. Denn tatsächlich ist mit der Himmelfahrt Christi die leibliche Dimension des Gottmenschen Jesus Christus gänzlich überwunden und in einen anderen Zustand übergegangen, der nichts mit astronautischer Kunstfertigkeit und einer Weltallbegegnung zu tun haben könnte.
Es ist eine transzendente, eine alle Körperlichkeit übersteigende Dimension, die uns an diesem Tag eröffnet wird. Und wenn Gott tatsächlich der Schöpfer aller Welt ist – des Geistes und des Weltalls – dann wird er wohl kaum auf einem seiner kleinen Planeten herumsitzen und warten, bis ein Astronaut ihn besucht. Vielmehr hat er tatsächlich einen Planeten besucht: die Erde – und ist tatsächlich dort Mensch geworden. So brauchen wir gar nicht ins All fliegen, um Gott zu begegnen: ER ist hier! Und dass er bleibend unter uns ist, dazu ist die Voraussetzung, dass Er eben mit seiner „Himmelfahrt" beides verbunden hat: die leibliche Dimension der Welt mit der geistigen Dimension des Himmels und beides zur eigentlichen Dimension des Lebens gemacht hat: das All-umfassende Bewusstsein überweltlicher Wirklichkeit.
Deshalb zieht es uns in den Tagen vor Christi Himmelfahrt ja auch hinaus – in unsere Welt und Gottes Schöpfung, in der alles erfüllt ist von der Lebenskraft Gottes! Die weite der Landschaft, unsere Straßen und Wege, die Lebensräume unserer Häuser und unsere Arbeitsorte. Überall dorthinein will der Glaube hineingelegt und der Segen für Schutz und Gelingen, für Glück und inneren Frieden hineingesprochen sein! Gott ist lebendig und wirkt nicht nur in engspuriger 2-Dimensionalität von Schicksal und Gesetzmäßigkeit. Wirken kann Gott über alles Sichtbare hinaus an allen Orten seiner Schöpfung. Und einerseits beten wir und flehen ihn in den Gebeten an um seinen Segen für uns aber andererseits leben wir an diesen Orten aus dem tiefen und erfüllenden Glauben, dass Leben nicht nur blindes Schicksal und willkürliches Los ist, sondern alles letztlich in Seiner guten Bestimmung ruht!

In diesem Sinne eine gesegnete Himmelfahrtswoche Ihnen allen!

II

Liebe Pfarrgemeinde!

Es scheint uns schon ein wenig skurril, wenn der weltbekannte und von allen großen Wissenschaftlern befeierte Astrophysiker Stephen Hawking in seiner jüngsten Veröffentlichung der Menschheit aufgrund von Erderwärmung, Klimakatastrophen, Epidemien und einem Meteorzusammenstoß maximal noch 1000 Jahre des Überlebens gibt und er uns deshalb drängend rät, die nächsten 100 Jahre damit zuzubringen, "auszufliegen". Wohin? Gemäß seiner Expedition "New Earth" zu einem anderen Planeten.
Ob das Leben auf dem Mars, dem Pluto oder dem Saturn wirklich "lebenswerter" ist und auch die Frage, warum nur eine kleine Gruppe das "Privileg" haben sollte, asuzufliegen um die Spezies "Mensch" zu retten, während Tausend andere dem sicheren Untergang entgegengehen, beantwortet er natürlich nicht. Und es steht schon auch die Frage, ob unsere "Spezies" wirklich so erhaltenswert ist, dass wir in unserer Selbstüberschätzung meinten, uns selbst durch einen "Ausflug ins All" retten zu müssen. Wenn wir schon hier unseren Planeten zerstören, wie wird es dann auf dem nächsten sein?
Abseits dieser Phantastereien begehen wir am kommenden Donnerstag einen ganz anderen "Ausflugstag"! Mit Christi Himmelfahrt schwelgen wir nicht in utopischen und unbezahlbaren Vorstellungen irgendwelcher All-Flüge, sondern erden unsere Menschsein in einen ganz neuen Horizont! Im Wissen, dass der Himmel als Zustand Gottes uns alle umgibt und wir alle, ausnahmslos, darauf zugehen dürfen und diese Wirklichkeit uns einst empfangen wird, brauchen wir vor Katastrophen, Epidemien und Klimawandungen keine allzugroßen Ängste zu haben und erst recht nicht in Panik zu verfallen, dass unsere "Spezies Mensch" vielleicht einmal ausgerottet sein könnte! Im Gegenteil ist uns ja mit dem apokalyptischen Endgericht die Wiederkunft Jesu verheißen - und damit ein Ausblick, der uns auf die Enderlösung und die Vollendung der Welt hoffen läßt.
Die Möglichkeit dazu hat er uns bereits eröffnet: in seiner Vorausfahrt zum Vater!
Da brauchen wir gar keine Raketentechniker und Astronautenversuche um uns zu retten, sondern nur und schlicht das glaubende Wissen um die unendlich größere Dimension des Lebens in Gott!
Ihnen allen ein zuversichtliches und hoffnungsfrohes Fest der Himmelfahrt Christi!

Christi Himmelfahrt - "Vatertag"

Liebe Pfarrgemeinde!

"Vatertag!" - Wenn man in der Schule nach dem Feiertag in dieser Woche fragt, bekommt man in vielen Fällen zur Antwort: da ist "Vatertag".
Das ist auch gar nicht so sehr verwunderlich, denn allethalben kann man in den öffentlichen Medien und auf örtlichen Hinweisprogrammen von "Vatertagshock", "Vatertagsausflug", "Vatertagswandern", "Vatertagsmenue" oder vom "Verkaufsoffenen Vatertag" lesen - und wenn wir schon vor wenigen Wochen die Mütter mit dem Muttertag gefeiert haben, warum soll man dann nicht im Zuge der "Gleichberechtigung" auch einmal im Jahr an die Väter denken.
Es ist ein beliebter Tag - nicht nur, weil inmitten der Woche uns ein weiterer arbeitsfreier Tag geschenkt ist und an diesem Tag oft das sonnig-warme Wetter richtig gut mitspielt; es ist auch vom allgemeinen Bewusstsein her ein regelrechter "Männertag" geworden, an dem sich mit Bier und Grillgut beim Hock Fußballcliquen, Stammtischfreunde, Sport- und Musikkameraden, Arbeitskollegen und Junggesellen zusammenfinden - Männergruppen eben, die unter sich und miteinander so richtig ungestört einen "Kerletag" verbringen können. (Natürlich sind oft die Frauen auch dabei, aber die sieht man dann an diesem Tag meistens etwas nebenan als Frauengruppe zusammensitzen.)
Man kann nun über diese doch recht weltliche Entwicklung enttäuscht sein oder schimpfen, darüber hinwegsehen oder schmunzeln - im Grunde aber verbindet sich mit diesem Tag doch auch recht gut der ursprüngliche und eigentliche Grund dieses doch recht angenehmen Feiertages. Denn auch kirchlich ist es durchaus ein "Vater-Tag": Christus kehrt heute heim zum VATER! In seiner ganzen Entäußerung seines Menschenlebens auf dieser Erde, dem Verlassen seiner eigentlichen Heimat im Himmel und der großen Verbundenheit mit dieser Welt, dem Durchdringen allen Lebens dieser Erde mit seiner Göttlichkeit, kehrt Christus heute heim und eröffnet so diese Welt seinem himmlischen Vater, der damit unser aller Vater und wir alle seine Kinder werden! In dieser großen Verbundenheit sehen wir heute den Urgrund und das Wesen allen Vater-seins: sorgen und beschützen, behüten und begleiten, führen und unterstützen, fördern und entfalten-lassen - und das nicht nur aufgrund irgendeiner Dienstleistung oder einer fremden moralischen Verpflichtung, sondern aus der Tiefe familiärer Verbundenheit heraus!
Wir dürfen - wie bei unseren Müttern - tatsächlich auch einmal im Jahr auch unseren Vätern "danke" sagen und ihnen ihren gemeinsamen "Vatertags-hock" wirklich gönnen -
aber vergessen wir dabei nie denjenigen, an dem es an diesem Tag im Eigentlichen geht: dem himmlischen Vater, zu dem auch wir immer wieder hinkehren sollten: Besonders am Christi-Himmelfahrtstag im Gottesdienst und der gemeinschaftlichen Prozession!

Christi Himmelfahrt - Bittprozessionen

Liebe Pfarrgemeinde!

Ich muss einfach mal raus!" – so drängt es uns regelrecht in diesen Tagen in unserem Inneren, wenn wir das phantastische Wetter, die strahlende Sonne, die grünende Landschaft und den strahlend blauen Himmel erleben! Raus aus den vier Wänden, die uns einengen und aus dem Haus, das uns in diesen Tagen dunkel und eng vorkommt! „Wir müssen einfach raus!" - das haben genauso auch die Apostel erfahren, als sie von der herrlichen Wetterlage des Glaubens angetrieben hinausgestürmt sind, um die Botschaft des Evangeliums weiterzutragen.
Und: „wir müssen mal wieder raus!" – so empfinden wir es auch in unserer Kirche, wenn in diesen Tagen die Bittprozessionen beginnen und wir am Christi Himmelfahrtstag hinausstürmen in unsere Landschaft und nicht nur in unserer Kirchenmauer, sondern wirklich über Land, Ort und Menschen den Segen hinaussprechen! Es ist wirklich ein Grundbedürfnis, an das unsere Kirche in ihrer menschlichen Erfahrung anknüpft, sie aber hinaushebt in die weitere Dimension unseres Lebens: nicht einfach nur mal „frische Luft schnappen" oder „mal nach draußen gehen".
Es ist wirklich alles erfüllt von der Lebenskraft Gottes! Die Weite der Landschaft, unsere Straßen und Wege, die Lebensräume unserer Häuser und unsere Arbeitsorte. Überall dorthinein will der Glaube hineingelegt und der Segen für Schutz und Gelingen, für Glück und inneren Frieden hineingesprochen sein! Gott ist lebendig und wirkt nicht nur in den vier Mauern der Kirche! Dort sammelt man sich, dort kehrt man ein um sich von IHM bestärken und ausrichten zu lassen, an heiligem Ort ihm zu begegnen. Wirken aber tut Gott an allen Orten seiner Schöpfung und einerseits beten wir und flehen in den Gebeten an diesen Orten um seinen Segen für uns und andererseits leben wir an diesen Orten aus dem tiefen und erfüllenden Glauben, dass Leben nicht nur blindes Schicksal und willkürliches Los ist, sondern alles letztlich in Seiner guten Bestimmung ruht!
Um das zu verstehen wird uns das Pfingstfest wirklich aufbrechen lassen können: Pfingsten als inneres Erkennen und Erfassen dieser lebendigen Wahrheit des Himmels, die hier allen Raum umfasst.
Wie die Apostel „hinaus mussten" gepackt von dieser Gotteserkenntnis, so bricht auch heute Gott in unserer Kirche auf durch uns, die wir uns von diesem Geist beseelen lassen!
Dass uns diese Tage wirklich bewegen und wir im „Draußen" die Wirklichkeit Gottes erfahren, dazu wünsche ich Ihnen allen eine gesegnete Bittwoche und einen erhebenden Christi-Himmelfahrtstag!

7. Ostersonntag

Liebe Pfarrgemeinde!

Die Zeit zwischen Christi Himmelfahrt und Pfingsten ist eine ganz eigenartige Zeit. Zumindest in biblischer Hinsicht. Christus ist auferstanden und mit seiner Himmelfahrt zum Vater heimgekehrt - sein Auftrag ist somit erfüllt und sein Heilsgeschehen vollendet - und man könnte sagen, dass damit das Bedeutendste geschehen ist: Ostern als bedeutendes Hauptfest und seine Erfüllung am Himmelfahrtstag. Jedoch ist damit Christus aus dem Blickfeld der Jünger entschwunden - und es scheint, als sei nun alles vorbei und abgeschlossen. Wir würden demnach weiterhin einfach ein schönes Erinnerungsfest feiern, wie man eines Ereignisses gedenkt, das vor langer Zeit geschehen ist, aber für das heute kaum noch eine Bedeutung hat, eine Art Gedenkfeier eines längst vergangenen Vorfalls, das zu einer entfernten Episode im Lauf der Geschichte zählt.
Doch mit Christi Himmelfahrt ist ja Christus nicht einfach verschwunden! Er lebt ja weiterhin und bleibt uns verbunden. Aber um das zu verstehen, braucht es eines weiteren Ereignisses, das aber erst noch kommen wird: Pfingsten!
Noch stehen unsere Jünger in dieser Art "Schwebezustand": einerseits ist Christus aus dem sichtbaren Blickfeld dieser Welt entschwunden, andererseits ist ihnen die Gabe des Heiligen Geistes noch nicht gesandt - und wie in ohnmächtigem Komazustand sitzen sie im Abendmahlssaal und wissen noch nicht so recht, was sie von alledem halten sollen, was da geschehen ist.
So Manchem geht es vielleicht ganz ähnlich - und dies nicht nur in dieser Zeit zwischen Christi Himmelfahrt und Pfingsten, sondern ganzjährig: da sind Weihnachten, Ostern und Christi Himmelfahrt bloße Kulturbegriffe, die aber keinerlei inhaltliche Bedeutung besitzen und auch mit dem persönlichen Leben nur insoweit in Zusammenhang stehen, als dass dies einige freie Tage bedeutet.
Da ist der Heilige Geist scheinbar noch nicht hineingesandt - das tiefere Verstehen um die Bedeutung und die Tragweite echter Auferstehungshoffnung und der inneren Verbundenheit zwischen Himmel und Erde.
Erst mit dem Wirken des Heiligen Geistes eröffnet sich in den Herzen die universale Heilsbotschaft der Erlösung der Menschheit durch die Auferstehung und Himmelfahrt Christi und erfüllt sich in uns das Bewusstsein der bleibenden Lebendigkeit und Gegenwart Gottes als unmittelbar betreffende und wirkende Wirklichkeit.
Dass er uns mit dieser lebenserfüllende Wirklichkeit belebe und wir die Fülle der Dimension unseres christlichen Glaubens neu erfassen dürfen,
dazu dürfen wir in dieser "Zwischenzeit" besonders beten und um die Kraft des Heiligen Geistes an Pfingsten bitten.

Ihnen allen eine gesegnete 7. Osterwoche auf Pfingsten hin!

Pfingsten

Da kam plötzlich ein Brausen -
wie wenn ein heftiger Sturm daherfährt
und erfüllte das ganze Haus, in dem sie waren.
Apg 2,2

Liebe Pfarrgemeinde!

Was wünschten wir uns manchesmal ein solches Brausen, das so richtig daherfährt und so manch eingefahrenes und eingetrocknetes richtig aufmischt.
"Da müsste es mal so richtig dreinfahren" - sagen wir dann - und es stimmt schon, in so manchen Bereichen wäre das wohl auch so richtig wünschenswert.
Dabei ist die Erfahrung, bei der das geschehen ist, schon gemacht worden:
am Ende der Osterzeit – fünfzig Tage nach dem Fest der Auferstehung Christi – feiern wir das Pfingstfest, das uns an die Ausgießung des Heiligen Geistes auf die Apostel erinnert!
Was im Abendmahlssaal von Jerusalem geschah, das spreng unsere Vorstellungskraft, und die Bilder von Feuer und Sturm, die der Hl. Lukas in der Apostelgeschichte gebraucht, verdeutlichen, mit welcher Macht dieses Wunder über die Anwesenden hereinbrach!

Sturm und Feuer im urbildlichen Sinn sind Zeichen für flammende Lebensenergie und gleichzeitig ein Gleichnis für erhelltes Bewusstsein und Ergriffenheit des Geistes. Umgangssprachlich spricht man ja gerne davon, man sei "Feuer und Flamme", man habe eben "Feuer im Blut" oder man geht mit "Feuereifer" an eine Sache heran.
Die ganze Symbolkraft des Brausens und des Feuers spricht von der Wirkung des Heiligen Geistes. Das frische Aufwehen und die "Feuerzungen" bewirken, dass Menschen in Bewegung kommen und auf einmal Kraft haben, ganz neu aufzubrechen!
Was verborgen im Abendmahlssaal geschah, wird auf einmal zur Geburtsstunde einer neuen Lebensweise: die verkündende und bekennende Kirche:
in verständlichen Sprachen bringen die Apostel die Botschaft Christi mit zündenden Reden und neuem Wind in laues und gewöhnliches Leben und treffen in brennendem Bekenntnis die Herzen der Menschen.

Auch wenn nicht gleich ein Feuersturm uns in diesen Tagen umtobt - auch uns will das Pfingstfest sieben Wochen nach Ostern entzünden und einen inneren Aufbruch schenken - Aufbruch zu einem tieferen Sinnverständnis unseres eigenen Lebens: wozu bin ich hier, was trägt mich, was zeigt mir den Sinn meines Daseins...
Für jeden von uns schenkt der Herr seinen Heiligen Geist - wir müssen uns nur ein wenig von Seinem Wehen ergreifen lassen...

Ihnen allen ein entzündendes, erfüllendes und bewegtes Pfingstfest

Im Kirchenjahr

Fronleichnam

Liebe Pfarrgemeinde!

Vor wenigen Wochen haben wir mit dem Osterfest und Christi Himmelfahrt den Höhepunkt des Ostergeheimnisses gefeiert: Christus ist auferstanden und zum Vater heimgekehrt.
Mit dem Pfingstfest feiern wir die Aussendung des Heiligen Geistes in unsere Herzen, d.h. die Vermittlung des erhöhten Herrn, damit wir dieses Festgeheimnis recht begreifen.
Es ist dies die Geburtsstunde der Kirche, in der nun Jesus durch die Gaben des Heiligen Geistes in dieser Welt wirkt. In diesem großen Bogen ist das Fest der Heiligen Dreifaltigkeit die Zusammenfassung unseres ganzen Glaubens und bindet sozusagen in geistiger Weise das gesamte Osterfest zusammen.
Am Donnerstag darauf feiern wir Fronleichnam - und dies als Fortsetzung unseres Glaubens: wir gedenken des Fortbestehens Christi unter uns im Vater durch den Heiligen Geist!
Dabei hinterlässt Er uns ein leibhaftiges Zeugnis seiner Gegenwart: in den elementaren Gestalten von Brot und Wein wird Er uns zur elementaren Gegenwart. Das ist unser Glaube, und diesen Glauben brauchen wir nicht zu verstecken!
Unsere Sakramentsprozessionen sind von Alters her ein wertvoller Brauch, der die Lebendigkeit unseres Glaubens ausdrückt:
Glaube ist nicht nur etwas für Kirchenräume! Er will unsere gesamten Lebensbereiche segnen: unsere Häuser, Wohnungen, Familien, Straßen und Arbeitsbereiche. Er will uns ganz persönlich durchformen und beleben. Und so besucht er uns auf unseren Straßen und Wegen und segnet uns. Wenn wir uns mit Ihm auf den Weg machen, so bleiben wir nicht wie stumme Zuschauer einfach am Wegesrand stehen! Es ist traurig, wenn zufällige Besucher die Bemerkung loslassen: "Was ist denn das für ein Umzug?". Es dürfte ihnen deutlich werden, dass hier etwas anderes geschieht, und das sollte ihnen an uns selbst bemerkbar werden: an unserer Andacht und unserem Mitbeten, an der Kniebeuge, die wir dem Allerheiligsten schulden und an unserer ganzen Haltung der Ehrfurcht.
Freuen wir uns auf diese Prozession durch unseren Ort und unsere Gemeine und begrüßen wir den Herrn!

II

Liebe Pfarrgemeinde!

Streiks und Demonstrationen stehen in unserem Land ja auf der politischen und gesellschaftlichen Tagesordnung - und es ist ja auch freies Bürgerrecht für oder gegen etwas zu demonstrieren. Darin zeigt sich, wie freiheitlich und demokratisch eine Nation ist. Dort wo es Demonstrationsverbote gibt und kleinste Menschenansammlungen bereits als staatsfeindlicher Akt eingestuft werden, wird schnell der Regierungswille als absolut und diktatorisch entlarvt.
So dürfen wir über unsere Meinungsfreiheit in unserem Land wirklich dankbar sein und hoffen, dass dies auch in ferner Zukunft so bleiben darf!

Eine der ältesten Demonstrationen begehen wir in wenigen Tagen, wenn am Fronleichnamstag weltweit Zehntausende von Katholiken auf die Straße gehen! Dabei ist das keine Protestaktion oder eine Art "Warnstreik"- wir demonstrieren auch nicht, um etwas einzufordern oder für eine bestimmte Sache einzutreten- wir demonstrieren vielmehr eine Person und einen Glauben und bringen seinen Segen "unter die Leute". Selbst die Diktatur des Nationalsozialismus und die Zeiten des Kommunismus in der ehemaligen DDR haben es nicht vermocht, diese "Demonstration" gänzlich auszurotten und zu verbieten. Ihre Beliebtheit und die Verankerung in den Herzen der Bevölkerung war so stark, dass sogar totalitäre Systeme an bestimmten Orten einen gewissen Respekt davor hatten und sie zwar einschränken konnten aber nicht total auszutilgen wagten.
Heute können wir die Fronleichnamsprozession durchaus als völkerverbindende und weltgemeinschaftliche Friedenskundgebung bezeichnen: überall auf der Welt gehen an diesem Tag Menschen aller Rassen und Nationen auf die Strasse - von Almaty in Kasachstan bis Mexikos Guadelupe, von Simbabwe bis Helsinki - und sie sind alle vereint in einem Glauben in einer ganz bestimmten Haltung: des Friedens und des Wunsches um den Segen, das Glück und das Heil für diese Welt!

Es ist dieser eine Christus, der die Welt und uns selbst zusammenführen und miteinander verbinden möchte - und wir sind es uns nicht zu schade, dies auch allen zu zeigen, wie sehr uns diese Verbundenheit wichtig ist!
So werden auch wir am Donnerstag des Fronleichnamstages auf die Straße gehen und Demonstrationen nicht nur den Protestlern und Streikenden überlassen, sondern unsere freie Meinungs- und Religionsfreiheit nutzen um zu zeigen, welch positive Wirkkraft im Segen Jesu Christi und seiner Kirche steht!

Machen Sie mit!

Heiligstes Herz Jesu - Freitag nach Fronleichnam

Liebe Pfarrgemeinde!

Nachdem uns die großen Feier- und Ferientage begleitet haben, wird es kirchlich wieder ein wenig ruhiger und gewöhnlicher.
Die "Zeit im Jahreskreis" fährt wieder mit ihrer grünen Farbe als Symbol des Allgemeinen fort und mit den fortlaufenden Berichten des Evangelisten Lukas zeigen uns die Sonntagsevangelien die verschiedenen Ereignisse, Worte und Handlungen Jesu.
Nur ein Hochfest schließt sich noch in diesen Tagen dem Fronleichnamsfest an: oft in der Geschäftigkeit des Alltag ein wenig unbeachtet und von seiner Frömmigkeitsgeschichte her in der heute oft etwas nüchternen Welt außerhalb des Blickfeldes gerückt, feiert die Kirche am zweiten Freitag nach Fronleichnam das Hochfest des Heiligsten Herzens Jesu. Selbst die nüchterne Liturgiereform der kühlen 1960er Jahre hat es nicht vermocht, dieses Ideenfest - wie ursprünglich intendiert - abzuschaffen, so beliebt war es bis in diese Zeit hinein.
Und tatsächlich drückt es neben den großen Festen der theologischen Eckpunkte und der Grundlagen unseres Glaubens wie Weihnachten, Karwoche, Ostern und Pfingsten doch die Innenseite unseres Glaubens auf's wärmste und umfassendste aus:
unser Glaube ist kein philosophisches Gedankenkonstrukt oder dogmatisch festgelegtes Strukturgebäude, keine rein moralische Lebensethik oder geschichtliches Vergangenheitsgedenken; in unserem Glauben schlägt das Herz Gottes für uns: eine personale Hingabe und Liebe eines Gottes, der für seine Schöpfung ein Herz hat und sich ganz darin hineinbegeben hat.
Dieses Herz durchpulst seine ganze Schöpfung und belebt es menschlich warm und göttlich liebend - und weist uns als Urbild darauf hin, es ihm ab-bildlich gleich zu tun, nicht nur "ein Herz für Tiere" oder "ein Herz für Kinder" zu haben, sondern umfassend "ein Herz für diese Welt" zu haben und das damit alle Themen unseres Lebens betrifft, die uns heute so wichtig sind vom Klimaschutz über die Friedensbemühungen der Völker bis hin zum Lebensschutz der Kleinsten in unserer Gesellschaft.
Der Glaube an einen Gott mit Herz umfasst alle Bereiche unserer Welt und unseres Lebens - und es ist gerade deshalb, dass wir gerade als Christen uns hineinmischen müssen in die großen Lebensfragen unserer Gesellschaft aus einem Blickwinkel heraus, der eben nicht nur von der Wirtschaftlichkeit, der Produktivität, der Rentabilität oder der Finanzkraft her urteilt, sondern die Welt und den Menschen von innen her im Blick hat und somit dem menschlichen Fortschritt in seiner umfassenden Weise dient: auf die göttliche Ewigkeit hin.
Von daher ist das Herz-Jesu-Fest vielleicht doch eines der grundlegendsten Hochfeste, die wir in unserem Kirchenjahr feiern!

Ihnen allen somit herz-lichst eine erfüllte und lebendige Woche!

9. Sonntag im Jahreskreis - Hl. Bonifatius - 5. Juni

Liebe Pfarrgemeinde!

Der Monat Juni ist in der katholischen Volkstradition dem Herzen Jesu geweiht – und dies nicht ohne Grund.
Nicht nur, weil in diesem Monat meistens das Hochfest des Heiligsten Herzen Jesu fällt, es ist auch der Monat, in dem alles in der schönsten vorsommerlichen Pracht steht: Die ersten Obsternten können gemacht werden, die Sonne scheint immer öfter und alles ist irgendwie in guter und lichtdurchfluteter Vorferienstimmung. Die Freude und das Lebendige, die volle Wirk – und Alltagskraft steckt uns diese Zeit richtig an.
Das Herz möchte uns auf die Wesensmitte und die Fülle unseres Lebens hinweisen – und so das Herz unseres Erlösers auf die Sinnmitte unseres Glaubens: ER ist der Mittelpunkt aus dem heraus alles Wirken und alles Erleben erst seinen sinnvollen Ort erhält – im Sorgen um uns selbst und um ein gesundes Miteinander.
Einer, der ganz aus dieser Sinnmitte seines Glaubens gelebt hat ist zu Beginn des Monats Juni uns Deutschen besonders verbunden: es ist der Heilige Bonifatius, Apostel Deutschlands und der „heimliche Vorsitzende" der Deutschen Bischofskonferenz!
Als Winfried aus seiner britannischen Heimat aufgebrochen, wird er 722 in Rom zum Bischof geweiht- und läßt sich vom Papst nach Deutschland senden, wo er als hervorragender Organisator Bischofssitz um Bischofssitz, Kloster um Kloster gründet und als Sachverwalter des Papstes besonnen und klug die Verbindung Rom-Deutschland aufbaut und so den mittleren Teil Deutschlands christianisiert. Als er in den Norden zu den Friesen aufbricht, wird er dort ermordet und stirbt den Martyrertod.
Auch wenn wir heute auf sein Wirken dankbar zurückblicken dürfen, die Herzmitte seines Glaubens muss immer wieder erkämpft und errungen werden;
wenn man heute vom „postchristlichen Zeitalter" spricht, so bedeutet das, dass das Wirken des Hl. Bonifatius auch in unserer Zeit nötig geblieben ist und seine Botschaft auch in seinem Wirkungsland immer noch der Umsetzung bedarf:
„Ich will Christus zu den Menschen tragen - und wie sehr wünschte ich, dass er dort Heimat finde!".

Dass er bei uns eine Heimat hat, das wünsche ich für uns alle!

10. Sonntag im Jahreskreis

Liebe Pfarrgemeinde!

"Herzlichst, Ihr..." - so unterschreiben wir gerne Briefe an gute Bekannte, Freunde oder Menschen, die uns nahe verbunden sind.
Und das nicht ohne Grund, denn der Gruß oder die Wünsche, die wir meist obenangestellt haben, kommen von Herzen, und das soll dann durch unsere Unterschrift auch besiegelt und ausgedrückt werden.
Verbundenheit, Gefühle, Zuneigung und als höchste Form der Beziehung: die Liebe, all das drücken wir mit dem Bild des Herzens aus, das uns für eine Person oder für eine Sache ganz besonders schlägt.
In der altorientalischen Welt und so auch im Alten Testament ist das Bild des Herzens aber nicht nur der Ausdruck des Gefühls und innerer Emotionen;
das Herz ist dort Inbegriff des Lebens überhaupt und allem, was dieses Leben von seinem Wesen her ausmacht: die Intelligenz, die Weisheit des Geistes, Gedanken und Überlegungen, die daraus folgenden Taten und Handlungen und letztendlich die Stärke der Tugenden. All dies ist dort mit dem alles verbindenden Begriff des Herzens ausgedrückt und gemeint. Dort wo bei uns oft mit dem Wort "Herz" sentimentale Gefühlsregungen und weichliche Emotionsbewegungen erahnt werden, die es eher zu überwinden gilt und in unserer rationalen und nüchternen Gesellschaftsordung kaum einen Platz finden darf, ist im Orient das Herz der Ausdruck für Stärke und Heldenmut, vernünftige Einsicht, zusammenfassende Weitsicht und beherzte Tatkraft.
So ist vielleicht eher verständlich, warum das Herz auch in der Verehrungsgeschichte des Herrn eine so bedeutende Entwicklung gefunden hat:
Schon im Alten Testament als Schlüsselbegriff für die Begegnung Gottes mit dem Menschen bezeichnet, Gott, der das Herz des Menschen rühren und wandeln will, wird es im Neuen Testament und noch mehr in der Frömmigkeit der Kirche zum eigentlichen Wesenszeichen der göttlichen Barmherzigkeit selbst: Gott selbst hat ein Herz für uns! Sein göttliches Herz hat ganz menschlich für uns geschlagen und Er selbst ist es, der uns sein eigenes Herz geschenkt hat!
Diese so innige Verbundenheit zwischen dem Herzen Gottes mit unserem eignen Herzen ist es, das unseren Glauben so menschlich, so nahe und lebendig - letztendlich so herzlich macht - und dies mit dem großen Fest des Heiligsten Herzen Jesu so schön zum Ausdruck gebracht wird.
Lassen auch wir uns vom Herrn selbst immer wieder es zusagen und ihm ebenso Antworten: "Herzlichst, Dein...!

In der Verbundenheit, Ihnen herzlichst!

11. Sonntag im Jahreskreis

Liebe Pfarrgemeinde!

Das Evangelium unseres heutigen Sonntags klingt uns ganz bekannt in den Ohren: "Die Ernte ist groß, aber es gibt nur wenig Arbeiter; bittet also den Herrn der Ernte, Arbeiter für seine ernte auszusenden!".Und er ruft den Zwölferkreis zusammen und sendet sie mit Vollmacht und dem Auftrag: "Geht und verkündet: das Himmelreich ist nahe! Heilt Kranke, weckt Tote auf, macht Aussätzige rein und treibt Dämonen aus!". Dieser Grundauftrag hat die Urgemeinde begründet und sie in richtigem Glaubenseifer rund um den Globus verbreiten lassen.

Heute hat sich unsere Kirche in den Gemeinden etabliert - wir sind Christen - aber so bekannt uns diese Botschaft in den Ohren klingt, so ist sie wohl auch etwas eingeschliffen. Um die Menschen heute "bei Laune zu halten", werden regelrecht verbale und rhetorische Kraftakte unternommen. Es wird eingepackt und umgeschrieben, wird relativiert und differenziert - vor lauter Worte und Erklärungen bleibt das Eigentliche manchesmal auf der Strecke.

So wichtig es auch ist, die Botschaft "geeignet" an den Mann und die Frau zu bringen, so bleibt aber vielfach doch heute die große Frage: Wecken wir mit unserer Botschaft wirklich "Tote auf", oder lassen wir unsere Umgebung lieber weiterschlafen? Heilen wir mit unserer Verkündigung wirklich die Wunden unserer Zeit, oder vergrößern wir sie mit manchem Geplänkel nur noch mehr? Treiben wir mit unserem Gebet wirklich die "schlechten Geister" aus unseren Sinnen - oder überlassen wir das lieber anderen?

Die Praxis bei so manchen Pastoralgesprächen und -Tagungen verstärkt den Eindruck, dass es vielfach um alles mögliche geht, aber nicht in erster Linie darum, Christus und das Reich Gottes zu verkünden. Das kann nämlich manchmal so scharf sein "wie ein Schwert" - und in unseren Zeitgeist so einige Male schmerzhaft einschneiden.

Dass es zur Verkündigung Mut braucht, ist die eine Sache; dass sie aber Überzeugung verlangt, das ist die andere! Solange wir von der "totenweckenden", "heilenden" und "dämonenaustreibenden" Kraft des Evangeliums nicht überzeugt sind, werden wir damit wohl nur wenige "hinter dem Ofen" herauslocken.

Der Trost des Evangeliums ist uns aber gleichzeitig auch verheißen: "ER gab ihnen die Vollmacht". Seine Macht und Seinen Beistand zur Verkündigung haben wir also!

Bitten wir ihn darum - und dann: "Nur Mut!"

Hl. Antonius von Padua - 13. Juni

Liebe Pfarrgemeinde!

In dieser Woche gedenken wir eines Heiligen, der vielen von uns besonders nahe steht - zunächst einmal nicht so sehr, weil wir seine Lebensgeschichte so sehr bewundern und in seinem Lebenswandel ein Vorbild sehen -
sondern eher weil seine Wirkungsgeschichte über den Tod hinaus einen derartigen Anklang gefunden hat und sein wirkungsvolles Tun für uns Menschen weiterhin dankbar erbeten und angenommen wird!
Wir gedenken am 13. Juni des heiligen Antonius von Padua, der in unseren Breiten liebevoll eher als "Schlamber-Toni" bekannt ist und uns deshalb so beliebt im Herzen steht, weil wir schon so oft treu durch ihn eben dann seine Begleitung erfahren durften, wenn unser geistiges Erinnerungsvermögen uns im Stich gelassen hat und uns Dinge schier unauffindbar verloren erschienen sind.
Wer hat nicht auch schon verzweifelt nach seinem Haustürschlüssel, Geldbeutel, Brillenetui oder noch wichtigerem verzweifelt überall gesucht, wo man es doch so ganz sicher an einem bestimmten Ort abgelegt zu haben glaubte, es aber dort nun schier verschwunden schien.
Der Hl. Antonius, der sich dem Heiligen Franziskus angeschlossen hatte und als begeisternder Prediger 1231 in Padua gestorben ist, hat der Legende zufolge einen ins Meer gefallenen Ring durch das Gebet im Bauch eines Fisches wiedergefunden. Als dazu noch das lateinische Responsorium zum Gedenktag des Heiligen mit den Anfangsworten "...Wenn Du suchst..." bekannt geworden ist, wurde er zum hilfreichen Patron, der für das Wiederfinden verlorener Gegenstände angerufen wird. Daneben ist er auch der Patron der Eheleute, Bergleute, der Reisenden und Haustiere; Liebende erbitten von ihm den Beistand für eine gute Ehe und das "Antoniusbrot" erinnert an sein liebendes Herz den Armen gegenüber.
Glücklicherweise ist uns die neuere Heiligenbiographie anschaulicher und geschichtlich lebendiger geworden - und so könnte doch auch einmal der Heilige Antonius ein Anreiz sein, uns einmal auf die Spurensuche der Heiligen zu begeben und ihr Leben und Wirken ganz neu zu entdecken.
Jeden Tag stellt uns der Heiligenkalender solche wunderbaren Menschen vor, und vielleicht entdecken wir noch mehr den ein oder anderen Freund, der uns in so manchen Schwierigkeiten mit seiner Hilfe beisteht!
Dabei mit dem Heiligen Antonius zu beginnen ist kein Fehler - nach seinem eindrucksvollen Leben und mit seiner großartigen Art hilft er wirklich!
Nur bitten, das müssen wir ihn schon und natürlich gehört es sich, ihm dann auch von Herzen zu danken!

12. Sonntag im Jahreskreis

"Fürchtet Euch nicht!"

Unerschrocken für seine Überzeugungen einzustehen und auch dort geradezustehen, wo einem der harte Wind um die Ohren bläst, das ist gar nicht immer so einfach. Da braucht es innere Kraft, einmal nicht im angenehmen Strom der generellen Meinung mit zu schwimmen und auch den Mut, sich eben einmal unbeliebt machen zu müssen. Doch wer einmal eine Wahrheit erkannt hat und für diese dann auch überzeugt einstehen konnte, der erlebt ein gutes Stück, was eigenes Ich und Freiheit bedeutet. Einer, der seine Freiheit für die erkannte Wahrheit auf's Spiel gesetzt hat und dafür auch seinen Tod riskierte war Johannes der Täufer, dessen Geburtstag wir am 24. Juni feiern. Johannes heißt: "Gott ist gnädig" - und das war ihm Programm:
Er war es, der das Herz der Menschen für den Messias öffnen sollte. Der Rufer in der Wüste, der Mahner zur Umkehr und Gebet und das Hoffnungszeichen der Verzweifelten, denn für sie versicherte er die Ankunft des Menschensohnes, die Zuwendung Gottes zu uns.

Uns mag die asketische und etwas radikale Gestalt heute etwas fremd sein. Doch das, was er in Christus vorausgesehen hat und woraus er selbst lebte, ist eine Grundlage, auf die wir gerade in unserem Streben nach Freiheit nicht verzichten können:
Seinen Maßstab nämlich nicht im eigenen, sterblichen Ich zu suchen, sondern sich an dem festzuhalten, der alles Leben - über alle Grenzen des Todes hinaus - umfängt.
Und gerade darin liegt das Befreiende: nicht mehr sich vor der Meinung anderer fürchten zu müssen, sondern aus der Kraft des Glaubens unerschrocken einstehen zu können für das, was man als wahr und richtig erkannt hat!

13. Sonntag im Jahreskreis

Liebe Pfarrgemeinde!

"Nach Peter und Paul werden die Pfarrer faul..." -
Vielleicht kennen auch Sie dieses etwas spaßige Sprichwort, und auch wenn es nicht so ganz stimmt, dass die Pfarrer jetzt einfach nur „faul" herumsitzen und nichts mehr zu tun hätten, so kann man doch schon sagen, dass von den großen Festzeiten her nach dem 29. Juni im liturgischen Kirchenjahr alles doch ein wenig ruhiger und gemächlicher wird.
Tatsächlich sind ja die großen, etwas anstrengenderen Ereignisse wie Ostern, Weißer Sonntag, Pfingsten und Fronleichnam vorbei, die ja nicht nur für den Pfarrer als vielmehr auch für viele andere - Mesner, Organisten, Kirchenchor, Blumenschmücker und viele mehr eine große Vorbereitungszeit miteinschließen. Und was konnten wir diese Festtage nicht gelungen begehen, nicht zuletzt auch Dank des herrlichen Wetters und den vielen eifrigen Händen und Herzen, die beigetragen haben, dass alles so reibungslos, feierlich und wirklich erfüllend gefeiert werden konnte!
Da ist es schon recht, wenn nun nach den Pfingstferien auch wieder der „normale" Alltag Einzug hält und alles in den gewohnten und ruhigen Bahnen laufen kann. Schließlich läuft schon doch alles wieder auf die Sommerferien zu, und mit dem phantastischen Sommerwetter, das uns in diesen Wochen beschienen war, sind wir schon richtig im Vorferienmodus angekommen.
Aber so ganz ruhig und „faul" wird es ja weiterhin nicht zugehen, denn neben den „normalen" Arbeiten stehen ja auch schon die weiteren großen Feste vor uns: die Tage der Ewigen Anbetung, die Patrozinien in unseren Pfarrgemeinden und Maria Himmelfahrt...
Es ist gut, dass unser Alltag immer wieder durchbrochen wird von Festen, Feiern, Gedenktagen und auch einem äußeren Rückzug, denn nur so kann in unseren Jahreslauf eine Struktur, ein gewisser Rhythmus und auch eine Kultur der Erinnerung gewahrt bleiben. Wir leben von der Abwechslung von Arbeit und Ruhe, von Gewohntem und Außergewöhnlichem, von der Aktivität und der Entspannung.
Wenn uns am 11. Juli der Gedenktag des Heiligen Mönchsvater Benedikt entgegenkommt, der als Schutzpatron Europas unsere Kultur geprägt hat wie kaum ein anderer, dann ist es gerade das, was uns von seiner bewegenden Entwicklung des mönchischen Aufbaus gerade für uns heute eine ermutigende Botschaft ist:
sich nicht von den Umtrieben der Verpflichtungen und Aufgaben erdrücken und versklaven zu lassen, sondern in den Fest-und Rückzugszeiten den Ausblick auf das Wahre, das Ewige und Himmlische herausheben zu lassen und von dorther alles Verpflichtende zu gestalten.

In diesem Sinne Ihnen allen eine ruhige und entspannte Woche im Lauf des Gewohnten und des Alltags.

14. Sonntag im Jahreskreis - Sommersonnenwende - 21. Juni

Liebe Pfarrgemeinde!

Mit der Sommersonnenwende steht die Sonne im Zenit des Horizontes - und das spürt man in diesen Tagen regelrecht! Nicht nur dass die Tage in dieser Zeit am längsten sind und wir bis in die späten Abendstunden unser Tagewerk voll auskosten können, auch der Höchststand der Hitze macht zu schaffen und lässt uns doch auch manchmal recht erschöpft zurück. Der Sommer steht in seiner Vollform vor uns, und wir dürfen und freuen, dass in diesem Jahr vieles gedeiht und die Witterung doch so recht alles blühen lässt und alles in seiner Vollkraft steht.
Wenn Frühling der Auftrieb und das Erwachen bedeutet, des Kommens und des Werdens nach den langen und kalten Wintertagen, so ist der Sommer eine Zwischenzeit des Stillestehens, des Innehaltens, des Auskostens. In der sengenden Hitze der südlichen Länder steht während des gesamten Mittags das Leben still. Alles zieht sich in die kühlen Häuser zurück und auf den Feldern ist nur das Zirpen der Grillen im flimmernden Licht zu hören.

Der Mensch braucht diese Zeit der Ruhe, der Erholung, des Rückzuges gerade in der Fülle der Sommerhitze - und auch wenn bei uns das Wolftal keine wirklich tropischen Temperaturen erreicht, die sengende Hitze und die Sehnsucht nach dem kühlen Rückzug verspüren auch wir.
Und wer etwas Kühle und Rückzug sucht: wo ist es angenehmer und befreiender in diesen sengenden Tagen als in den erfrischenden Mauern unserer Kirchen. Wenn sie auch im Winter schwer zu heizen sind und sie einem die wohlige Atmosphäre wärmender Gottesbegegnung verheißen sollen, die hitzige Sommersglut, auch das hektische mancher hitzigen Sommerdebatten und die heißlaufenden Umtriebe hektischen Alltagtreibens lassen sie außen vor - und so manchem Hitzkopf wird dort wieder der Kopf gekühlt.
Es ist friedlich still, angenehm kühl und erholsam in der geborgenen Atmosphäre abgekühlter Weisheit der Jahrtausende den Atem Gottes regelrecht zu spüren.
"Kommt zu mir, die Ihr mühselig und beladen seid", spricht in dieser Woche der Herr zu uns; wenn's in dieser Woche mal richtig heiß hergeht:
finden Sie einfach in unseren Kirchen ein wenig Ruhe, Frieden und kühlen sie sich beim Heiland einfach den heißgelaufenen Alltag ein wenig ab...

Fest der Heimsuchung Mariens - 2. Juli

Liebe Pfarrgemeinde!

Wenn wir in dieser Woche das Fest der „Heimsuchung Mariens" feiern, dann mag uns das etwas sonderbar anmuten, weil dieser Gedanke so gerne im Advent seine große Bedeutung hat: Maria besucht nach der Ankündigung des Engels und der Botschaft, sie werde ein Kind gebären, ihre Base Elisabeth.
Es ist wirklich ein Fest der Begegnung, denn nicht nur diese beiden Frauen jubeln über ihr Wiedersehen und freuen sich, einige Wochen miteinander verbringen zu können – auch die beiden Kinder im Mutterleib scheinen von dieser Begegnung richtig emporzuhüpfen: Jesus und Johannes.
Dass dieses Begegnungsfest in den beginnenden Hochsommer einen Ort gefunden hat liegt am Geburtsfest Johannes des Täufers am 24. Juni. Nachdem es wirklich lange Zeit ein „Adventsfest" gewesen ist, hat Bonaventura es 1263 auf den 2. Juli verlegen lassen, dem Tag nach der Oktav Johannes´ des Täufers.
Tatsächlich passt es schon auch in diesen Jahreskreis hinein, feiern wir doch die Verkündigung des Herrn am 25. März, und so ist es in der Entwicklung der Geschehnisse gar nicht so abwegig, etwas mehr als drei Monate danach dieses schöne Ereignis der Begegnung Mariens und Elisabeths zu betrachten.
So schön hat der jüdische Theologe und Philosoph Martin Buber es uns ausgedrückt, wenn er sagte: „alles Leben ist Begegnung". Tatsächlich kommen wir erst dann wirklich zum Leben, zur Entwicklung und Reife und zu frohem und lebendigem Empfinden durch die Begegnung; Begegnung mit Eltern, mit Erziehern und Lehrern und besonders durch Freunde, Bekannte und Menschen, die es gut mit uns meinen und uns freundlich ansprechen. Dazu gehören aber immer beide Parteien: Begegnung geschieht nur im gegenseitigen Austausch und ist nie Einbahnstrasse!

In dieser Hinsicht feiern wir in dieser Woche noch ein weiteres Gedenken der Begegnung: Mit dem großen Apostelfest Petrus und Paulus wird uns ebenso Begegnung geschenkt: Die Begegnung mit der Kirche! Als großer Völkerapostel hat uns Paulus seine missionarische Kraft rund um den Globus eröffnet – und Petrus, als Fundament, als Garant und Säule der Kirche ist es, der diese weltweit vernetze und überall verstreute Gemeinschaft eint und zusammenhält!
Wenn immer wieder die Bischöfe sich zur großen Synode um den aktuellen Petrus vereinen und sie gemeinsam um die Fragen unserer Zeit ringen, dann wird das eben geschehen, was Buber „Leben" nennt: Begegnung!
Begegnung miteinander, mit der Kirche und zuerst mit Gott!

Lassen auch wir uns doch immer wieder von dieser Begegnung anregen:
Uns zu freuen aneinander, offen und neu zu entdecken, was Gott uns in und durch seine Kirche sagen will, in gegenseitigem Hören aufeinander und vor allem im äußern unserer Freude des Wiedersehens: im Gebet!

Ein bestärkendes Fest der Begegnungen Ihnen allen von Herzen!

Hl. Benedikt von Nursia - 11. Juli

Liebe Pfarrgemeinde!

Das erste Wort, mit dem die Regel beginnt, nach der sich die benediktinische Mönchsgemeinschaft weltweit ausrichtet, ist ein ganz ungewöhnliches: "HÖRE".
Nicht das Tun und das Vollbringen steht am Anfang dieser gemeinschaftlichen Grundordnung - sozusagen das "Grundgesetz der Mönche" - sondern das aufmerksame hinhorchen auf das geistliche Fundament: die Offenbarung Gottes und sein Wirken in uns selbst. Erst von daher ergibt sich dann alles Wirken und Tun im notwendig alltäglichen.

Im öffentlichen Bewusstsein ist diese Grundhaltung mit einem Schlagwort bekannt geworden, mit dem man diese Regel gemeinhin zusammenfaßt: "ORA ET LABORA" - bete und arbeite.
Wir begehen am 11. Juli den Begründer dieser bahnbrechenden Prägung des Ausgleichs von Arbeit und Kontemplation, von notwendigem Tun und innerer Ausrichtung: es ist Benedikt von Nursia, der für seine Mönchsgemeinschaft ganz klar das "Höre" gefordert hat und damit eine Gemeinschaftsordnung zusammengefasst hat, die auch heute noch weltweit 40.000 Ordensbrüder- und Schwestern in ihrem Zusammenleben ordnet und prägt.
Nicht ohne Grund hat Pius XII. ihn zum "Patron Europas" bestimmt: nicht nur in Bildung und Kunst, in der Urbarmachung und der Eröffnung der Kulturlandschaft haben diese Klöster eine unschätzbare Bedeutung für unsere heutige politische und kulturelle Landschaft, sie haben auch die Grundsteine für unsere Gesellschaftsordnung und das soziale Grundgefüge unseres Zusammenlebens gelegt, nach der heute Grundgesetz und politische Ordnung aufgebaut ist.
Doch ohne das "Höre" Benedikts wird jedes Gemeinschaftsleben einseitig - und so lohnt es sicher wieder einmal zur Grundlage vorzustoßen, nach der gelungenes Gemeinschaftsleben einmal aufgebaut worden ist - nicht nur für Europa, sondern auch im ganz alltäglichen Bereich - denn ohne die geistige Ausrichtung wird alles Tun nur aktivistisch und läuft letztendlich ins Leere.
Schön ist es, das mit dem 11. Juli auch unsere Ewige Anbetung zusammenfällt und so diese geistliche Ausrichtung auch ganz konkret erfahren werden kann:
gerade im kontemplativen und anschauenden Gebet zur inneren Ruhe zu finden, Abstand zu gewinnen von dem Umtrieb des Alltags und für unsere Aufgabe wieder Kraft und Stärke zu gewinnen. Mit diesem "Hören" in der Gegenwart Gottes bauen auch wir mit an einer Gesellschaftsordnung, die im Kleinen unserer Umgebung aber auch im Großen Europas zum gelungenen Miteinander beiträgt!

Ein erfüllendes "HÖRE" Ihnen allen!

Sel. Bernhard von Baden - 15. Juli

Liebe Pfarrgemeinde!

Nicht ganz so schnell wie der Heiligsprechungsprozess der beiden großartigen Johannes-Päpste Johannes XXIII. und Johannes-Paul II., deren Heiligsprechung ja nur wenigen Jahrzehnte nach ihrem Ableben ihren Abschluss finden konnten, steht es mit der Erhebung unseres eigenen Landespatrons zur Heiligkeit der Altäre, die sage und schreibe schon 244 Jahre auf sich warten läßt! Zwar hat unser Erzbischof eine letzte Phase des Prozesse versichert und die notwendigen Schritte zu Beginn des Jahres eingeleitet, doch ganz so rasch wird es auch damit dennoch nicht gehen.

Doch ob heiliggesprochen oder nicht, ein heiliger ist für uns unser Patron des Badnerlandes allemal. Wir feiern ihn am 15. Juli, dem Tag an dem er auf dem Rückweg von den großen Verhandlungen am Königshof von Wien und Orleans in der kleinen italienischen Stadt Montcalieri gestorben ist - gerade einmal 30 Jahre jung!

Es ist kein gewöhnlicher Landesgenosse! Zu Höchstem erzogen und herangebildet, mit den Verbindungen zu den wichtigsten Fürstenhöfen und Königshäusern des Abendlandes steht er als Nachfolger des Hauses Hohenbaden mit seinem Bruder an der Spitze des badischen Landes. Nicht das ihm sein Land und die Bevölkerung egal wäre - im Gegenteil! Um das Große und Ganze zu retten, es von den äußeren Bedrohungen, Kriegen und Auseinandersetzungen und inneren Machtkämpfen und Spaltungen zu bewahren und zu schützen, überlässt er seinen eigenen Erbteil seinem Bruder und steigt ein in die schwierigste Aufgabe seiner Zeit: den diplomatischen Verhandlungen zwischen Kaiser, Papst und den verstrittenen Fürstenhäusern.
Was die Größe unseres Landespatrons ausmacht, ist sicher nicht nur sein großes Verhandlungsgeschick - und leider auch nicht sein mit nicht großem Erfolg gekrönten Bemühen erfolgter Einheit. Doch zum 100. Jahrestag hat es der "Sankt Konradkalender" auf den Punkt gebracht, warum unser Seliger Bernhard eine der größten Persönlichkeiten unseres Badnerlandes ist - und sicher weit darüber hinaus: "Es geht überhaupt nicht darum, ob Bernhard etwas erreicht hat. Bei Gott geht es darum, ob ein Mensch seine Sendung für seine Zeit erkennt und sich zum Einsatz entschließt. Beides trifft für Bernhard zu und das macht ihn groß im Gottesreich!"

Ob nun seine Heiligsprechung bald erfolgt oder nicht, ist deshalb wohl auch gar nicht so wichtig, denn groß ist er im Himmelreich allemal - und bei uns auch!

Ein gutes Bernhardgedenken Ihnen allen!

15. Sonntag im Jahreskreis

"GOTT, DU BIST UNSER ZIEL!
DU ZEIGST DEN IRRENDEN DAS LICHT DER WAHRHEIT UND FÜHRST SIE AUF DEN RECHTEN WEG ZURÜCK.
GIB ALLEN, DIE SICH CHRISTEN NENNEN, DIE KRAFT,
ZU MEIDEN, WAS DIESEM NAMEN WIDERSPRICHT
UND ZU TUN, WAS UNSEREM GLAUBEN ENTSPRICHT."
(Tagesggebet vom 15. Sonntag i. Jahreskreis)

Mit diesem schönen Gebet der Kirche, liebe Pfarrgemeinde, werden wir am kommenden Sonntag die Eucharistiefeier eröffnen und für uns ganz persönlich um das "Licht der Wahrheit" beten.

So viele suchen in diesen Tagen nach Orientierung.

"Wir brauchen ein neues Wertebewußtsein" - heißt es angesichts der Wirtschaftskrise (erst seit ihr?); "Wir müssen die Gesetzeslage verschärfen" - hat es angesichts der furchtbaren Amokläufe von Jugendlichen geheißen; "Die Familien und die Alleinerziehenden müssen unterstützt werden" - heißt es angesichts des demographischen Desasters unserer westlichen Gesellschaft (nur deshalb?) - und auch persönlich tragen so manche an ihrer Resignation: "Woran soll man noch glauben?".

In einer gänzlich ungewöhnlichen Mission - und entgegen aller Hinweise heutiger Werbestrategen und professioneller Marketingkenner macht sich um das Jahr 30 ein kleines Häuflein mutiger Jesusfreunde auf den Weg: ohne Vorratstasche, ohne Wegproviant, ohne Wäsche zum Wechseln und sogar ohne jedes Geld. Kann da etwas gutes herauskommen?

Anscheinend war dies das beste Überzeugungsprogramm aller Zeiten! Für bis heute über zweitausend Jahre hat dieses Missionsprogramm Früchte getragen, und weltweit sind es heute etwa 2,1 Milliarden Menschen, die diesem kleinen Häuflein von 12 Predigern glauben schenken.

Was diese damals getan haben, war wohl nicht so spektakulär, aber durch wen sie es taten, das war wohl das außergewöhnliche! Und das gab den Menschen und gibt ihnen bis heute eine ganz neue Ausrichtung.

Man sucht so verzweifelt nach "Orientierung" - und dabei liegt sie vielleicht gerade vor der Tür - man muss sie nur hören wollen!

Bis heute machen sich Menschen auf den Weg, gehen in die Orte und sind "im Auftrag des Herrn" unterwegs. An ihnen liegt es auch heute, so manche Dämonen dieser Zeit auszutreiben, den Kranken heute wieder in der Salbung innere Stärke und Heil zu bringen, und den Blick für ein neues Ziel zu eröffnen!

Bei aller Suche nach "Orientierung" - teure Selbstfindungskurse und Werbeslogans, laute Demos und hektische Forderungen mögen den ein oder anderen vielleicht kurzweilig ablenken. Echte Hilfe gibt's aber in dieser Hinsicht woanders:

Mit dem obigen Gebet freue ich mich mit Ihnen auf den kommenden Sonntag

Hl. Maria Magdalena - 22. Juli

Liebe Pfarrgemeinde!

Erinnern Sie sich?
Vor wenigen Jahren stürmte ein Film die Kinocharts, dessen Romanautor Dan Brown mit seinem Buch bereits zwei Jahre zuvor traumhafte Auflagenhöhen erreichte und dem mit seiner Romanverfilmung nun erst recht den Durchbruch seiner Popularität gelang: Der "Da Vinci Code".
In einer Mischung aus einer Art effektinszenierter Dokumentarrecherche und abenteuerlicher Verschwörungstherorie mit einem Schuss Amateurkriminalistik greift der Inhalt dabei eine uralte aber nicht auszulöschende und immer wieder beleuchtete Legende auf, nach der die geheimnisvolle Gestalt Maria Magdalenas als Gemahlin Jesu nach Südfrankreich aufgebrochen und so die eigentliche Hüterin der Kirche sein soll - im Gegenzug zur Amtskirche des Heiligen Petrus und Roms, dessen Vatikan nun mit allen Mitteln und skrupellos Versuche, dieses Geheimnis zu verbergen, und nicht mordscheuend und machtbesessen alles daransetzt, jede Spur daraufhin zu vernichten. Das Ergebnis seiner "Recherchen" - so Dan Brown - werde die Kirche in ihren Grundfesten erschüttern; aber außer einer unhaltbaren - wenn auch sehr unterhaltsamen - Theorie ist von den "Ergebnissen" nicht viel übriggeblieben.

Papst Franziskus hat nun den Gedenktag dieser so sparsam benannten und der so viel geheimnisvoll angedichteten Frau des Neuen Testamentes am 22. Juli zu einem FEST aufgewertet - und vielleicht kann uns das biblische Zeugnis dieser Frau mehr über sie und die Kirche sagen, als manche abenteuerlich ausgemalte Legende und mancher enthüllungsjournalistische Schrägblick:

Tatsächlich ist Maria Magdalena in der Provence in Südfrankreich hochverehrt - ihre Gebeine ruhen in der Basilika Sainte Marie de la Garde nahe Marseille und für die Südfranzosen ist sie nicht nur die Beschützerin ihrer Küste. Die fromme Überzeugung der Kirche machte sie auch zur Sünderin, die die Füße Jesu salbte - und so ist sie uns Menschen das Urbild unserer ganzen Armut und Hilfsbedürftigkeit, die in der Not eigener Buße und Bereuung solche Liebe und Zusage Jesu erfahren.
Als erste unter den Frauen genannt, die von Jesus geheilt wurde und ihn und die zwölf Apostel begleitete und unterstützte, prägt sie neben der Gottesmutter das Bild einer mütterlichen und sorgenden Kirche; dadurch, dass sie unter dem Kreuz Jesu stand und sich aufmachte, am Grab den Herrn zu salben, ist sie für viele Trauernde zur starken Helferin und verständnisvollen Begleiterin geworden und wird zum Inbegriff des stillen und leidenden Gebetes. Und in der geheimnisvollen Begegnung mit dem Auferstandenen ist sie uns zur ersten Zeugin der Osterbotschaft geworden - nicht als eine irdische Gemahlin sondern als geistliche Offenbarerin der Auferstehungshoffnung aller Christen!
Gerade deshalb hat wohl Papst Franziskus die Entscheidung getroffen, ihren Gedenktag gerade mit Blick auf das Jahr der Barmherzigkeit mit einem eigenen Fest

aufzuwerten, um die Bedeutung dieser Frau auszudrücken, die Christus gegenüber eine große Liebe zeigte und von ihm sehr geliebt wurde.

Vielleicht mag das biblische Bild der Maria Magdalena auf den ersten Blick etwas nüchterner wirken als die spektakuläre Legende, die man ihr angehängt hat.
Wenn man sich aber ein wenig in die wenigen biblischen Lebensstationen hineindenkt, wird man in der Tiefe mehr über diese Frau erfahren können - und entdecken, dass sie zurecht zum verkündigenden Kreis der engen Christusnachfolger dazugehört - und vielleicht sich selbst sogar in ihr wiederfinden.

II

Die Sünderin mit dem Alabastergefäß!
Sie zählt zu den geheimnisvollsten Gestalten des Neuen Testamentes und das Ereignis im Haus des Pharisäers Simon, zu dem Jesus zum Essen eingeladen worden ist und sie dort Jesus mit dem mitgebrachten Öl und ihren Haaren die Füße salbt, zu den eindrucksvollsten Begegnungen christlicher Offenbarung.
Viel ist über diese geheimnisvolle Frau gerätselt worden - und die Vorstellungen und das, was man in diese Frau hineingelegt hat, sind bis heute nicht versiegt.
Die Frömmigkeits- und Kunstgeschichte hat dieses Ereignis mit der Steinigungsgeschichte verbunden und sie mit Maria Magdalena in den Horizont des Kreuzes- und Auferstehungsgeschehens gestellt, wo sie ausdrücklich benannt wird. Somit wurde sie zum Urtypus der von Christus erlösten und befreiten Frau, die - anders als die bereits vorerlöste Mutter Jesu - uns nahe nach ihrer Vergebung und Bekehrung den Weg in die Nachfolge Jesu findet und somit auch zum Sinnbild des geheiligten und Jesus nachfolgenden Menschen wird.
Die feministische Theologie tut sich heute mit derlei typologischer Betrachtungsweise eher schwer, kann mit der geistlichen Auslegung eines von Christus berührten und bekehrten Menschen wenig anfangen und sieht Maria Magdalena eher als Opfer einer mutwilligen Verfälschung der Kirche und will sie lieber allein unter dem Blickwinkel einer selbstbewussten und auserwählten Urzeugin im Apostelrang wissen.
Wer auch immer nun diese geheimnisvolle Frau im Hause des Simon gewesen sein mag, eines fasziniert unsere Gemüter bis heute: wie sehr das seelische Empfinden diese Frau angetrieben hat, so einfühlsam und hingebungsvoll dem Herrn ihr Anliegen zu bezeugen. Abseits aller typologischen oder feministischen Spekulationen kommt hierbei doch eigentlich das schönste zum Ausdruck, was die Offenbarung des Neuen Testamentes im Grunde für uns alle sagen möchte:
In der ehrlichen und aufrichtigen Hinwendung zum Herrn, im bereuenden und sinnfälligen Ausdruck unser Hingabe an Ihn und im Schenken dessen, was uns am wertvollsten ist, seinen liebenden Blick und seine heilende Nähe erfahren zu dürfen.

Eine solch schöne Begegnung Ihnen allen

16. Sonntag im Jahreskreis - im Licht der Fußball-Weltmeisterschaft

Liebe Pfarrgemeinde!

Der Fußballgott hat wieder zugeschlagen!!
Was wurde in den vergangenen Wochen gezittert und gebangt - und nahezu bis zur letzten Minute hat ja die Spannung das ganze Land regelrecht in Atem gehalten. Mäuschenstill ist es da gewesen; innen in den Wohnzimmern, den Publik-Viewing-Plätzen und den Vereinsräumen sah es dann schon anders aus: da war die Stimmung so richtig los und der laute Aufschrei beim letzten Eins zu Null - der hallt bis heute in den Zeitungen und Medienberichten begeistert nach:
"Wir sind Weltmeister!"

So sehr man auch das frenetische Eifern für den Fußball, die manchesmal doch recht zweifelhaften Praktiken des Dachverbandes und die nahezu vergötterungsähnlichen Tendenzen für die Fußballstars auch mancher Kritik unterwerfen mag, eines hat unser Nationalsport mit seinem herausragenden Sieg doch zugute:
selten wird eine innere Einheit, der gemeinschaftliche Teamgeist und die gemeinsame Begeisterung so auf den "Ball" gebracht wie in diesen großen Endspielen. Und gerade in der Mannschaft findet sich der lebendige Ausdruck für das gemeinsame und verbindende, in dem sich doch alle irgendwie auch wiederfinden und mit dem sie mitfiebern, mittrauern oder sich mitfreuen. Das ist schon auch ein starkes Zeichen, das es wohl angesichts der Verwirrungen und Unruhen in den politischen Auseinandersetzungen und der katastrophalen Großwetterlage der Auseinandersetzungen in den Feuerherden unserer Welt schon auch braucht.

Auch wenn man nun nicht alles religiös überhöhen muss, eines kommt bei der gebannten Fußballeuphorie unseres Landes doch auch in den Sinn:
Es sind wirklich aussagestarke Abbilder eines großen Urbildes, das uns ja auch alle in einer besonderen Weise verbindet: Das Gemeinsame des Spiels, das Zueinander und Füreinander für das Erreichen des großen gemeinsamen Ziels, die Begeisterung und die Identifikation des eigenen mit dem Geschehen auf dem Platz als Sinnbild des göttlichen Lebens selbst; nur universaler und allumfassender dürfen wir uns alle als begeisterte und lebendige Mitwirker verstehen in einem gewaltigen Lebensfeld, dessen erfüllendes Zentrum Gott selbst ist.
Von hierher macht Leben wirklich Freude - nicht nur zur Zeit der WM!

Eine lebendige Woche Ihnen allen

Hl. Ignatius von Loyola - 31. Juli

Liebe Pfarrgemeinde!

"Endlich Ferien" - so wird es in dieser Woche durch die Schulhäuser hallen - und nach dem letzten Gong werden sich für einige Wochen die Schultüren schließen, die Schulbänke hochgestellt und die Tafeln blank bleiben.
Auch so mancher Arbeitsplatz, manche Werkzeuge und Bürogebäude werden uns einige Wochen nicht zu Gesicht bekommen - es ist Urlaubszeit – und wie viele haben sich schon so lange darauf gefreut:.
Zeit, Abstand zu nehmen, auszuruhen, sich zu erholen oder einfach etwas anderes und neues zu erleben und einmal Zeit für sich selbst und eigene Bedürfnisse zu nutzen.
Einen richtigen "Zwangsurlaub" hat unser Ferienheiliger durchleben müssen, den wir zu Beginn dieser Ferientage mit dem 31. Juli feiern und der so richtig in unsere Urlaubszeit hineinpasst: Ignatius von Loyola.
Monatelang war unser verwegener und lebenslustiger Soldat ans Bett gefesselt - eine Kanonenkugel hatte sein Bein zertrümmert und 1521 gab es lange nicht die medizinischen Hilfsmittel, wie sie uns heute zur Verfügung stehen. Da half nur "Ruhe". Zuerst wurde ihm diese Ruhe zur Qual, dann zur Erleuchtung und schließlich zum Aufbruch in ein ganz neues Leben! Überdrüssig der immer gleichen Ritterromane und Heldenlegenden griff er aus purer Not zu frommer Lektüre des Lebens Jesu und der Heiligen - und entdeckte darin zum ersten Mal einen inneren und frohen seelischen Reichtum. Diese innere Ruhe wird ihm zum Lebenselixier werden.
Bis heute sind seine "Exerzitien", seine 30- tägigen Übungen, die er wieder genesen in Montserrat verfaßt hat, ein Standard für jedes geistliche Leben. Wer ein religiöses Leben führen will, der muss für eine gewisse Zeit in sein Inneres einkehren, Abstand vom Trubel nehmen und ganz in sein eigenes Inneres hineinhorchen - um dann erst Gott hören zu können!
Mit einigen Freunden schloss er auf dem Montmartre in Paris ein Gelöbnis - und wurde zum Gründer und Leiter eines der größten, schlagkräftigsten, gefragtesten, begehrtesten, belehrtesten und gleichzeitig meist gefürchtetsten Orden der Weltkirche, der jetzt sogar einen Papst hervorgebracht hat : den Jesuiten!
Gerade aus der inneren Einkehr und Stille erstehen oft die größten und umwerfendsten Unternehmungen.
Na, wenn das keine Einladung für unsere Ferienzeit ist! - Lassen Sie also Ihren Urlaub nicht in Stress ausarten. Ein wenig Ruhe und stille Zeit genügt da schon!

Einen gesegneten Einstieg in Ihre Urlaubstage Ihnen allen von Herzen!

Ferienzeit

Liebe Pfarrgmeinde!

Ferien!!!

So jubeln sicher nicht nur unsere Schüler in dieser Woche ganz laut und freuen sich auf die vielen Wochen pflichtfreier Tage und unternehmungslustiger Aktivitäten.
Alles scheint gerade mit diesen sommerlichen Temperaturen zur Zeit ein wenig im "Ferienmodus" zu sein - und so auch wir in unserer Seelsorgeeinheit: Pfarrbüros, Sekretär/innen und Pfarrer sind ebenso zeitweise im Urlaub und viele Gottesdienstzeiten "ruhen". Und dennoch sind diese Wochen ganz erfüllt von Festzeiten und der Begleitung von Heiligen, die unsere Ferienzeit und unseren Ort prägen:

Ganz zu Beginn eröffnet das Fest "Verklärung des Herrn" unsere Ferienzeit mit dem sommerlichen Ausblick von der Höhe und vor allem dem Blick in die Höhe: die Jünger, die auf der Höhe des Taborberges Jesus in seiner ganzen Herrlichkeit erblicken dürfen! Dass auch wir viele solcher Taborstunden erleben dürfen!
Dann unser Patrozinium in Schapbach, mit dem wir unseren Heiligen Cyriakus ehren und mit der Prozession auf seine Fürsprache unseren Ort unter den Segen Gottes stellen dürfen!
In diesem Zug stehen dann in den kommenden Tagen weitere Heiligen- und Martyrergestalten vor uns, die unter anderem für unsere Nachbargemeinden so bedeutsam sind: der Heilige Laurentius, der wie der Hl. Cyriakus in der Väterzeit als Diakon das starke Zeugnis für die frühe Kirche gegeben hat über die großen Bekenner der Kirche: Dominikus, Klara von Assisi, bis hin zu den tapferen Blutzeugen unserer Tage: die Heiligen Edith Stein, Karl Leisner oder Maximilian Kolbe, die im Dritten Reich ihr Leben für das Christentum lassen mussten.
Gekrönt wird dieser Kranz großer Heiligen mit dem beliebten Aufnahmetag Mariens in den Himmel! Das was uns allen bevorsteht, ist in Maria vollendet geschehen: mit Leib und Seele in den Himmel aufgenommen ist sie diejenige, an der uns konkret die große Erlösungstat Jesu vor Augen gestellt wird und die uns als große Fürbitterin weiterhin Mutter, Helferin und Begleiterin ist. Mit dem schönen Brauch der Kräuterweihe wird uns in diesen sommerlichen Tagen bewusst, wie sehr die duftende Fülle der Natur das Abbild des Wohlgeruchs gelebter Tugend und Heiligkeit ist!
Wirklich ein geniales Ferienprogramm: mit den großen Heiligen auf gelungene Lebensfahrt zu gehen und die Freiheit Gottes zu genießen!

Gesegnete Ferientage Ihnen allen!

II

"Die Sonne ist für alle da!"

Liebe Pfarrgemeinde!

Nachdem der Sommer nun so lange auf sich warten ließ, dürfen wir in diesen Tagen nun doch einige schöne Sommertage erleben und wünschen, dass aus den Sonnentagen vielleicht auch Sonnenwochen werden können.
Bei dem Vielen, das nur manche sich leisten können oder manches, das nur wenige für sich selbst einfordern, hat die Natur etwas an sich, das allen gegeben ist:
Sonne ist für alle da! Ob für die Reichen am Strand von Saint Tropez oder auf Balkonien in der Mietskaserne einer Großstadt, sie leuchtet für jeden!
Eigentlich ein schönes Sinnbild auch für die Vatergüte Gottes, die auch jedem gilt und über alle ausgestreckt ist. Für manche scheint sie zu arg, und er verzieht sich lieber in den dunkeln Schattenräumen seines Zuhauses; für andere kann sie gar nicht genug scheinen und er streckt sich ihr so ganz entgegen.
Einen kleinen Unterschied gibt es aber dennoch: von dem liebenden Schein Gottes bekommt niemand einen Sonnenbrand - und ein gefährliches Krebsrisiko braucht man dabei auch nicht zu befürchten, auch wenn man bei manchen meinen könnte, sie würden beim ersten Hauch gleich eine Vergiftung erhalten und regelrecht davor zu fliehen scheinen. Doch auch hier gilt die schöne Tatsache: Gott ist kein Privileg für besonders Auserwählte oder eine Messlatte, die nur für religiöse Spitzensportler erreichbar wäre, sondern er streckt ausnahmslos allen seine Hände entgegen und leuchtet über einem jeden Leben sein liebendes Licht aus - oder in einer kleinen Abwandlung eines Wortes Mutter Teresas:
Glaube ist kein frommer Luxus für wenige, sondern Gabe für alle!
Vielleicht erinnern wir uns ein wenig daran, wenn wir uns in diesen Tagen entweder auf fernen Reisezielen in reizend neuer Landschaft, am Sandstrand an wogenden Meeresbrandungen, bei einer Wandertour in unseren heimischen Regionen oder einfach auf der Terrasse vor unserem netten Eigenheim den angenehm wärmenden Sonnenstrahlen entgegenstrecken und das Licht so ganz in uns einsaugen:
die Sonne Gottes ist für alle da! Auch für mich, jetzt ganz persönlich!

17. Sonntag im Jahreskreis

Liebe Pfarrgemeinde!

Der "Himmel"- ist ja für jeden ein wenig etwas anderes.
Für die einen beginnt er jetzt so richtig, wenn sie arbeitsfrei und losgelöst von den täglichen Verpflichtungen und Aufgaben aufbrechen können in die Ferienzeit und mal so richtig ausspannen dürfen. Für die anderen ist er vielleicht gerade das: endlich etwas tun zu dürfen, sich einzusetzen und etwas beliebtes werkeln zu können. Für wieder andere ist es etwas ganz großes und unerreichbares, und für nochmals andere schon eine Kleinigkeit. Für die einen ist er ganz weit weg, in zeitlicher Ferne und andere glauben ihn bereits erlebt zu haben. Und für wieder einige ist er bloß eine klimatisch-physikalische oder astronomische Beschreibung.
Es gibt ja so viele unendliche Vorstellungen und Auffassungen von "Himmel" wie es Menschen gibt und jeder trägt damit irgendwie seine Art von "Himmel" in sich.
Da ist es nicht verwunderlich, wenn Jesus selbst sich an den "Himmel" nur in Gleichnissen heranwagt - und dann nicht nur mit einem einzigen, sondern es gleich mehrere Gleichnisse braucht, um auch nur angehend ein wenig den "Himmel" zu beschreiben.
"Mit dem Himmel reich ist es wie..." ... Ob es jetzt ein Schatz, eine Perle, ein Acker, ein Netz ist, die Ferien oder ein frohes Tun, allen Vorstellungen und Gleichnissen aber gleich ist, dass das Himmelreich etwas ungemein erfüllendes, etwas vollendetes, etwas großartiges und umfassendes ist. Himmel, das ist letztendlich die Gottesbegegnung, auch wenn wir dies hier auf Erden nicht immer so direkt erfahren und vielleicht auch nicht so benennen wollen. Dort wo etwas gelungen ist, wo es erfüllt und befreiend ist und man dazu gar nichts mehr hinzufügen könnte, wo einem das Herz aufgeht und dies am liebsten gar kein Ende mehr nehmen dürfte, dort wird uns ahnend ein wenig deutlich, wie es wohl bei Gott sein muss, der ja die Vollkommenheit an sich ist. Und klar ist dann auch, dass es dort kein Ungutes, Trauriges, Böses und Schlechtes mehr geben kann.
Wer Gott entdeckt hat, bei dem verblassen vor Freude alle unechten Werte.
Die echten aber, die leuchten einem hell entgegen - und das muss nicht nur für das Jenseits gelten, denn Gott dürfen wir schon hier und jetzt entdecken und damit kann uns in Ihm hier schon so vieles so wirklich echt zum "Himmel" werden!
Und diese Freude ist eine Grunderfahrung, die aus dem Himmelreich in unsgrundgelegt ist.
Wohl dem, der gelernt hat, schon hier den Himmel zu erleben, ein wenig und immer wieder!

Eine "himmlische" Woche Ihnen allen!

August

Liebe Pfarrgemeinde!

Der Monat August hat ja von seiner Witterung her seinen verheißungsvollen Startpunkt gesetzt und läßt bereits erahnen, dass sich die wechselhaften Umschwüngen von überheißen und schwülen Temperaturen in gewitterartige Umbrüche weiterhin gewiss steigern werden und wir einen sicher schweißgebadeten und donnergeschüttelten Monat erwarten dürfen.
Für unsere Urlauber und Feriengänger bestimmt nicht die schlechteste Nachricht, für Wetterfühlige und empfindliche Personengruppen da schon eher.

Wenn auch Organisten, Erzieherinnen, Pfarrer und weitere Mitarbeiter sich im "Urlaubsmodus" befinden, das Kirchenjahr kennt keine "Ferien" - und so dürfen wir sehr dankbar sein und uns freuen, dass uns in diesen Wochen Pater Heinz Becker durch diese Kirchenjahreszeit führen und uns in den durchaus bewegenden kirchlichen Ereignissen dieses Monats begleiten wird. Denn schon bald nach unserem Kirchenpatrozinium des Hl. Cyriakus, das ja mit dem doch sehr sommerlichen Fest der Verklärung des Herrn einhergeht, dürfen wir mit dem 15. August die Gottesmutter erleben, deren vollendetes Leben sich mit dem Himmel verbindet und sie uns von dorther als Himmelskönigin unterstützt und begleitet. Dass mit diesem Fest die Weihe der Erdkräuter verbunden ist macht nur deutlich, wie sehr dieses Ereignis in der hochsommerlichen Blütezeit die Heilsbedeutung aufblühender Vollkommenheit und die Faszination der geschöpflichen Wundertaten Gottes mit seiner außergewöhnlichen Wirkkraft im durchaus naturhaften und gewöhnlichen zum Ausdruck kommt.
Nur wenige Tage später (22.8.) wird dies mit dem Fest Mariä Königin nur nocheinmal bekräftigt, mit dem uns zu Gemüte gebracht wird, wie sehr Gott den Menschen als Krone der Schöpfung bestätigt und in der Vollendung des Himmels auszeichnet, wenn der Mensch sich nur ganz Gott öffnet und in seinem guten Tun Mithelfen darf, in der Welt das Heil zu bringen.
Mit schönen Heiligenfesten reihen sich weitere Gedenken wie Perlen durch den sommerlichen Monat und durchziehen ihn mit dem Blick auf weitere gelungene und beliebte Lebensentwürfe heiligen Lebens: mit dem Hl. Pius X. (21.8.), Rosa von Lima (23.8.), dem Hl. Bartholomäus (24.8.), dem Hl. Ludwig (25.8.), dem Hl. Augustinus (28.8.) und vielen weiteren.
Dass Glaube aber auch eine Herausforderung sein kann und zu ernsthaften Konsequenzen führt, wird uns deutlich, wenn mit dem 29.8. der Enthauptung Johannes des Täufers gedacht wird. Sie sehen, auch kirchlich ist der August durchaus keine "leere" und ferienberuhigte Zeit, sondern angefüllt mit bunten Sträußen geistiger Vielfalt, die sich durchaus auch dem erschließen, der auch in der Ferienzeit sich dafür öffnet.

Gesegnete Ferienwochen Ihnen allen!

Fest der Verklärung des Herrn - 6. August

Liebe Pfarrgemeinde!

"TABOR"

Wenn man diese Erhebung im Flachland Palästinas sieht, dann denkt man unweigerlich an eine Art Käseglocke, die sich von weitem sichtbar unweit von Nazareth und dem See Genesareth mitten in das Land auftürmt. Was man dort erleben kann, wenn man einmal den anstrengenden Aufstieg dort hinauf geschafft hat, lässt ahnen, warum gerade dorthin Jesus drei der Jünger mit hinaufgenommen hat:
Von der Bergkuppe aus hat mein eine unbeschreibliche Aussicht in die Weite Galiläas hinein, eine frische Brise erfrischt ganz im Gegensatz zu der sengenden Hitze der Ebene und hier oben grünt und blüht eine schöne Höhenvegetation.
Mit dem 6. August feiern wir ein Ereignis, das diesen Berg so berühmt gemacht hat: Verklärung des Herrn. Die drei Säulenjünger Petrus, Jakobus und Johannes erinnern sich im Nachhinein deutlich daran: Sie durften - vor den schrecklichen Tagen des Leidens Jesu - Ihn ganz im Glanz der göttlichen Gegenwart sehen und wären am liebsten dort oben geblieben.
Und so sind "Taborstunden" zum Inbegriff dieser befreienden und "verklärenden" Erfahrung aller Zeiten geworden. Zeiten, in denen man nach Mühe und Anstrengung Freude, Erholung und Gemeinschaft erlebt, Zeiten, an die man sich immer wieder gerne erinnert und die zu den "Hoch-Zeiten" des Lebens geworden sind!

Solche Taborstunden stehen uns vielleicht in diesen Ferientagen auch bevor, wenn wir uns etwas von dem eintönigen Arbeitsalltag aufmachen zu den Höhen der Berge oder in die Weite der Landschaft. Doch wirkliche Taborstunden sind nicht nur Ferientage und Erholungszeiten. Inhaltlich vermittelt uns das Fest der Verklärung des Herrn auch etwas anderes:
Gott selbst ist es, der uns immer wieder begegnen und unsere Zeit verklären will: ergreifende Erfahrungen brauchen auch einen inhaltlichen Tiefengrund.
Und so werden wir auch schon einen Tag später mit dem 7. August unser hiesiges "Taborereignis" begehen, an dem wir mit dem Patrozinium des Heiligen Cyriak eines Menschen gedenken, der von der Strahlkraft Jesu so erfasst und beleuchtet worden ist, dass er für uns Wegweiser und Ortsbegleiter werden konnte. Es ist aber nicht das Fest für wenige Auserwählte! Wenn wir uns wirklich als Pfarrgemeinschaft verstehen und unserem Ort verbunden wissen, ist Patrozinium ein Ortsfest, das auch gefeiert werden will!
Somit seien Sie herzlich eingeladen - auch wenn manche bereits in Ferienfahrten unterwegs sein mögen - doch dieses Ortsereignis mitzufeiern und es nicht nur den "üblichen Kirchgängern" zu überlassen, dieses Taborereignis mitzutragen!

Eine gesegnete Woche und viele "verklärende" Augenblicke Ihnen allen!

Maria Aufnahme in den Himmel - Mariä Himmelfahrt - 15. August

Liebe Pfarrgemeinde!

"Du bist ja eine richtige Kräuterhexe!" -
eigentlich keine schöne Anrede für jemand, der sich mit der heilkräftigen Wirkung von Blumen und Kräutern auskennt....
Eher sollte man da "Kräuterfee" sagen, denn tatsächlich ist die Kenntnis in der Heil- und Linderungskunde von Wald- Feld- und Wiesenpflanzen wirklich ein Segen - besonders angesichts der immer mehr steigenden Anzahl von Allergien und Empfindlichkeiten der Nebenwirkungen chemischer Pharmazeutik.

Interessant ist, dass gerade diese Verbindung irdischer Heilkunde an ihrem Himmelfahrtstag mit der Gottesmutter Maria in Verbindung gebracht wird. Der alte Schott schreibt dazu hymnisch erläuternd:
"Die Kräuterweihe an Maria Himmelfahrt hat eine innige Beziehung auf Maria, die 'Blume des Feldes und Lilie der Täler', und auf den Wohlduft ihrer Tugenden".
Schön ist in diesem Zusammenhang die Legende, nach der die heiligen Apostel, als sie das Grab der seligsten Jungfrau noch einmal öffneten, darin nicht mehr ihren Leichnam, sondern Blumen vorgefunden haben.
Indem die Gottesmutter also mit Leib und Seele in den Himmel hinaufsteigt, ist ihr ganzes Wesen - Körper und Seele - so vollendet und eins, dass sie uns als Sinnbild dazu das Wissen und Wirken dieses leib-seelischen Heil-seins hinterlässt in der Form natürlichster und duftender Blumen und Kräuter.
Wenn das uns heute auch etwas blumig weit hergeholt wirken mag - beliebt ist es im Gottesvolk seit jeher und das unerschütterlich bis heute: Kräuterbüschel mit der bestimmten Anzahl und Sorte der Heilkräuter und Blumen zum Himmelfahrtstag Mariens in die Kirche zum Segnen mitzubringen, das lässt sich bei uns keiner nehmen. Und das auch mit gutem Grund: Heil-sein an Leib und Seele, das brauchen wir in unserer aufgescheuchten Gesellschaft heute geradezu nötiger denn je - und beim Anblick der getrockneten und gesegneten Kräuter daheim, erinnern wir uns des Gebetes um Wohlfahrt des Leibes und dem Schutz vor widrigen Einflüssen beim schönen Himmelfahrtsamt und verbinden damit dann vielleicht auch so manches flehende Gebet in der Gemeinschaft mit der Himmelskönigin, die wie keine zweite eine so große Vollendung erfahren durfte und uns da ganz mit hineinnehmen möchte.

Eine gesegnete Himmelfahrtswoche und Ferienzeit Ihnen allen

23. Sonntag im Jahreskreis - Schulanfang

Liebe Pfarrgemeinde!

Nun neigt sich die Schulferienzeit wieder dem Ende zu - für viele von Ihnen, die bereits seit langer Zeit wieder arbeiten müssen, liegt der Urlaub schon in weiter Ferne - und viele schöne lebendige Erinnerungen liegen hinter uns! Kirchlich unser Patrozinium in Schapbach, Maria Himmelfahrt, das uns Pfarrer Guntram[1] so feierlich gehalten hat und für dessen Aushilfe zusammen mit Pater Heinz Becker[2] wir an dieser Stelle von Herzen danken!; aber auch die Freizeit im Schwimmbad, schöne Fahrradtouren oder kleinere Ausflüge in die Umgebung, so manche Reise und viele schöne Begegnungen.

Wenn in der nächsten Woche nun unsere "ABC-Schützen" ihren großen Einstieg in die Schulzeit beschreiten, dann erleben wir sie in diesem Jahr wieder mit einen Brauch, den - wenn auch vielleicht etwas schlichter und weniger aufwändig - wir schon früher genossen haben und der wohl schon seit Urzeiten mit dem ersten Schultag zusammenhängt: Groß und bunt - fast größer und schwerer als die Kleinen, die dahinter fast zu verschwinden scheinen, mit Schleifchen und Bändern verziert, neuerdings mit allen möglichen oder unmöglichen Motiven beklebt von Tieren, Elfen, Feechen und Drachen angefangen bis hin zur letzen Barbie-, Comic- oder PC-Game-Figur und vollgefüllt bis oben hin - heute weniger mit nützlichen Schulutensilien als mit einer unmenge Süßigkeiten: die Schultüte!
Mit ihrer umgedrehten Kegelform und der voll gefüllten weiten Öffnung, die die kleinen Schulanfänger mit strahlend-glasigen Augen feierlich und stolz in ihren kleinen Ärmchen umschlungen halten, mag sie einem ein wenig an das Füllhorn der Fortuna erinnern, mit der die römische Schicksalsgöttin ihre Gaben des Glücks an die Menschen verteilte. Und tatsächlich mag vielleicht wirklich dieser Einstiegsbrauch der Schultüte auf die römische Mythologie zurückgehen, denn soll sie nicht wirklich ihnen Glück bringen - ein Füllhorn mit wertvollen und wichtigen, süßen und augenfälligen Gaben, die das Ernste und Schwere, das Strebsame und Anstrengende des Schulalltags ein wenig angenehmer, freudiger und unterhaltsamer machen will?
Was auch immer dieser Brauch bedeuten oder woher er auch stammen mag - wir wünschen es zum Alltagsbeginn unseren Schülern besonders, aber ebenso uns allen, die wir einmal eine Schultüte in den Händen gehalten haben: Dass aus der Fülle des Gottessegens wir alle immer wieder ein wenig schöpfen dürfen und das Strömen der Guten Gaben nie versiegen mag - weder die notwendigen Güter dieser Welt als auch das seelische und geistige, das wir doch immer wieder so notwendig brauchen!

In diesem Sinne Ihnen allen einen gesegneten Start in die Alltagswelt!

---

[1] Joachim Guntram, *1931-+2014, Pfarrer in Freudenstadt

[2] Heinz Becker SVD, *1935, Essen

24. Sonntag im Jahreskreis - Kreuzerhöhung - 14. September

Liebe Pfarrgemeinde!

"Die Kirche ist ein Ort der Vergebung" -
so ist uns unter anderem am vergangenen Sonntag ein Grundzug der Kirche aus dem Evangelium des Sonntags eröffnet worden. Und wenn wir die Evangelien der kommenden Sonntage etwas in Betracht nehmen, so wird uns dieser Grundzug des vergebenden Umgangs mit einer der Grundeigenschaften des menschlichen Wesens, seiner Fehlerhaftigkeit und seiner Schwäche aus dem Mund Jesu immer wieder vor Augen geführt und uns als Kirche zur Aufgabe vorgestellt.
Vergeben, das ist nicht nur menschlich, das kann manchesmal auch übermenschlich sein: dann nämlich, wenn der zu Vergebende sich so gegen uns vergangen hat, dass der Schmerz zu groß und eine Wiedergutmachung nicht mehr möglich ist.
Dass aber auch hier das übermenschliche siegen und das unmögliche wieder möglich werden kann, das wird uns mit dem Fest der Kreuzerhöhung am 14. September zur Grundlage gelegt.
Dort, wo jeder Hass unversöhnt und unwiderruflich in die totale Vernichtung des Lebens führt, jede Wiedergutmachung unmöglich wird und unumkehrbar versagt bleiben muss, - in der Vernichtung nicht nur des Menschlichen, sondern auch des heilbringenden Göttlichen am Kreuz - dort geschieht durch das alle Menschen übersteigende Wort und dem göttlichen Akt einer verzeihenden, liebenden und noch größeren Vergebung das Wunder, das unumkehrbare und endgültige aufzubrechen und doch möglich wieder herzustellen.
Das ist Kreuzerhöhung!
Am Kreuz erhöht ist das Wunder eines Wortes, das die totale Vernichtung des Lebens überwindet und in die liebende Vergebung wandelt - und somit den Todeshass selbst vernichtet!
Wenn uns daher das Wort der Vergebung selbst nicht mehr von den Lippen kommen kann und alle Feindesliebe in uns erstorben ist, weil das Unrecht an uns derart übergroß uns erstarrt hat -
einer hat es für uns gesprochen, hat es am Kreuz selbst verwirklicht, und wir dürfen ihm dann die Vergebung anheimstellen, die wir selber nicht zu geben vermögen.
Liebe Pfarrgemeinde, am Kreuz ist eine neue Welt erstanden, die über das gegenseitige Aufrechnen und Abrechnen weit hinausgeht und eine ungeahnte Freiheit eröffnet hat: Frei von Rache, von Vergeltung und von Verzweiflung, Es ist die Freiheit der Erlösung.

Dass uns diese Erlösung immer wieder ins Herz sprechen darf, das wünsche ich Ihnen allen!

25. Sonntag im Jahreskreis

Liebe Pfarrgemeinde!

Ferien sind etwas wunderschönes - und meistens merkt man das so recht erst dann, wenn sie vorbei sind und der Arbeitsalltag wieder eingekehrt ist!
So oder ähnlich werden jetzt sicher unsere Schüler sagen, deren freie Zeit sie nun mit dem geregelten Schulalltag eintauschen müssen, aber auch so manche Erwachsene unter uns, für die der Urlaub seit einiger Zeit zu Ende ist.
So wichtig sicher manches Mal ein Tapetenwechsel sein kann, von dem alltäglichen Abstand zu nehmen und sich und seine Kräfte in der Ruhe zu erholen - von einem sollte man aber nicht Urlaub machen oder es beiseite legen:
das Apostolat!
Wenn wir sagen, wir glauben an die katholische und "apostolische" Kirche, so ist damit natürlich gemeint, dass sie universal und auf die Apostel aufgebaut ist, also weltweit in der Überlieferung derer steht, die als Zeugen Jesus gekannt und verkündet haben. Für manche ist das nun die Rechtfertigung, alles auf die Bischöfe als Apostelnachfolger abzuschieben und alles mögliche oder unmögliches nur von ihnen zu erwarten; besonders eigenartigerweise diejenigen, die gerade zur Zeit diese Struktur der Kirche lauthals kritisieren, aber den Bischöfen sämtliche Allmachtsmöglichkeiten zuzutrauen scheinen, was sie alles zu ändern und besser zu machen hätten.
Dabei meint "apostolisch" noch etwas anderes: es ist die Ermutigung und die Einladung an alle Gläubige, selbst apostelhaft zu wirken!
Das Wort "Apostolat" rührt eben aus dieser Wortwurzel des Apostels und des apostolischen und meint, im Sinne des Glaubens und der Kirche auch zu wirken und dies auch zu vermitteln. Dabei ist Weitergabe des Glaubens nicht einfach nur, jetzt den anderen zu "missionieren", sondern zunächst im eigenen Glauben fest zu stehen, ihn zu kennen und auszuüben und so ein Lebensbeispiel zu geben.
Viele aber fragen sich: ja wie soll ich aber meinen Glauben leben? Wie kann ich mich bilden und mehr über den Glauben und das Lebensbeispiel erfahren?
Wer ein wenig Interesse zeigt, wir bald erleben, wieviele Möglichkeiten es gibt, das Glaubensbewusstsein in seinem Alltag fruchtbar zu machen: Nur einige möchte ich hier ganz ausdrücklich benennen und ans Herz legen, denn auch die neuen Medien haben sich dem großen Ziel des Apostolates auch für den "Hausgebrauch" zu eigen gemacht: Da sind zunächst die Printmedien und Bücher, in denen uns sich vieles erschließen kann, aber auch über Radio und Fernsehen erhalten wir Sender, die unseren religiösen Alltag begleiten oder uns auch bereichern wollen! Gerade für diejenigen, die nicht mehr aus dem Haus können, aber auch für Interessierte sind solche Sender mit ihren Gottesdiensten, geistlichen Vorträgen und Gebetsstunden ein wahrer Segen!
Schauen sie dort einfach mal rein und rüsten Sie sich für ein richtig "apostolisches" Leben!

Fest der Heiligen Erzengel - 29. September

Liebe Pfarrgemeinden

Engel sind in ja seit einigen Jahren Tagen besonders beliebt. Engel, wo man hinschaut: Engelbücher in den Buchhandlungen, Engelbilder, Engelfiguren, sogar das Kino hat die Gestalt des Engels entdeckt, wenn auch in sehr menschlicher Gestalt, wenn man an die jüngsten Filme „Stadt der Engel" oder „Dogma" denkt- und es verschwimmt da die Grenze zur Esoterik ganz unbemerkt. Man kann von einem richtigen Engelboom sprechen, ein ganzes Sammelsurium von Engelvorstellungen, die vom fast göttlichen Machtwesen bis zum lieblich kitschigen Zierrat reichen.
Andererseits verkommt der Engelglaube zu einer Sonderfrömmigkeit entweder besonders verstiegener Bigotterie oder bloßer Kinderfrömmigkeit.

Der 29. September gedenkt der Erzengel Michael, Gabriel und Rafael – drei der größten Geistgestalten, die als Geschöpfe Gottes gemäß der Heiligen Schrift zur Anbetung Gottes und als seine Boten erschaffen worden sind.
Es sind dort nicht kleine, süße „Engelchen", auch keine gottähnlichen Geistwesen, wie in amerikanischen Hollywood-träumereien; es sind machtvolle Gestalten, die ganz auf Gott ausgerichtet einen Teil unserer Schöpfungsordnung ausmachen und jedem, der ihnen begegnet, erschrecken lässt. Immer wieder muss der Engel als Bote Gottes zuerst beruhigen: „Fürchte Dich nicht"...

„Angeloi" – das heißt „Bote" und diese Boten Gottes sind es, die Gott in diese Welt hineinscheinen lassen – als Verkünder, als Mahner oder als Helfer. Der Heilige Michael als Patron Deutschlands soll von Gefahren und von Bösem schützen, der Heilige Schutzengel, der einem jeden von uns zur Seite gestellt und den wir am 2. Oktober feiern, er will uns begleiten und führen.
Der Engelglaube steht nicht im Zentrum unseres Glaubensbekenntnisses – und ob wir daran glauben wollen oder nicht, entscheidet nicht über unsere „Rechtgläubigkeit".
Nichtsdestoweniger machen die Engel ein Grossteil der biblischen Verkündigung aus - und vielleicht können diese beiden Gedenktage uns auch wieder etwas nachdenklich machen, was die Hl. Engel auch für uns bedeuten; vielleicht entdecken wir in ihnen die tröstende Kraft einer Botschaft, die uns zeigt, wie sehr Gott uns nahe kommen will.

So wünsche ich Ihnen allen eine gesegnete und behütete Woche

26. Sonntag im Jahreskreis - Erntedank

Liebe Pfarrgemeinde!

Mit dem Herbstfest am vergangenen Sonntag hat der Reigen unserer kirchlichen Erntedankfeste in unserer Seelsorgeeinheit begonnen.
Es gibt ja viele Anlässe im Jahr, uns der Notwendigkeit der Bewahrung und des Schutzes unserer Umwelt bewusst zu werden - die vielen Thementage zur Bewahrung der Schöpfung weisen uns immer wieder darauf hin, plötzliche Naturkatastrophen oder dramatische Unfallereignisse lassen uns aufhorchen, Forschungsergebnisse des Klimawandels machen es uns immer wieder dramatisch bewusst und politische Diskussionen und Mediendebatten machen uns darauf aufmerksam.
Doch mit unserem kirchlichen Erntedankfest ist doch mehr gemeint, als der moralische Fingerzeit zur Bewahrung der Schöpfung und dem Schutz unserer Umwelt. Nicht ohne Grund sprechen wir ja tatsächlich von einer "SCHÖPFUNG" - zu der ja wesensgemäß auch ein SchöpfER gehört!
Sicher: vieles an gelungenem Naturschutz und Verhinderung von Naturkatastrophen liegt an unserem klugen und umsichtigen Handeln, und wir haben ja durch hervorragende Technik, eingehende Forschung und Ingenieurskunst gelernt, mit den Unbillen der Natur umgehen zu können und Ereignisse vorherzusehen oder zu verhindern.
Die Grundfrage unseres Lebens ist aber doch weniger der Umgang und die Art und Weise unseres Handelns als vielmehr: was ist Ursprung und Ziel allen Seins! Erst von daher ergibt sich doch alles kluge und weitsichtige Handeln, das alle Lebensbereiche und - Eigenschaften umfasst!
An Erntedank wird uns erstmals wieder vor Augen geführt, dass Welt, Ernte und Ertrag nicht nur von und aus uns selbst kommen, sondern alles seinen Ursprung in Gott hat! Dieser Gottesbezug ist es, der doch alles Sein, Welt und Umwelt erst begründet und von daher das richtige Handeln erst abgeleitet werden kann.
Mit einem bloßen "Danke, lieber Gott" der Kindergartenkinder einmal im Jahr - so wichtig das is - ist es nicht getan! Es geht um eine innere Grundhaltung, die unser ganzes Leben prägen muß: dass nicht wir die Herren aller Schöpfung sind, sondern wir einem Gott unterstehen, der uns die Welt als Gabe und Geschenk eröffnet hat und wir sie als Aufgabe und Hingabe ihm wieder zurückschenken dürfen!
Wer das verstanden hat, dem füllt sich das Herz mit dem staunenden Bewusstsein wahren Reichtums! Und daraus erwächst dann wirklich eine Haltung echten Lebensschutzes: die Dankbarkeit!

Gesegnete Wochen des Dankes Ihnen allen!

Hl. Franziskus - 4. Oktober

Liebe Pfarrgemeinde!

Was haben die Heiligen Engel und der Heilige Franziskus gemeinsam?
Augenscheinlich zunächst, dass ihre Feste beide in der kommenden Woche gefeiert werden.
Aber es gibt noch eine Gemeinsamkeit:
40 Tage vor dem Fest der Heiligen Erzengel bestieg der Heilige Franziskus den La Verna Berg, um sich dort im Gebet und dem Fasten zurückzuziehen.
Mitten in dieser Zeit - so wird es in der Franziskus-Legende des Hl. Bonaventura beschrieben - erscheint ihm tatsächlich ein Engel: ein Seraph kommt auf ihn zu und in seine sechs Flügel gehüllt, erkennt Franziskus in seiner Mitte den Gekreuzigten selbst. Es ist in dieser Vision, dass der Heilige Franziskus am Fest der Kreuzerhöhung Christi 1224 die Wundmale Jesu empfängt.

Engel sind Boten, Boten Gottes, die seine Botschaft und seinen Auftrag zu den Menschen senden und ihnen die Wirklichkeit Gottes vermitteln.
Große Persönlichkeiten waren von der Existenz der Engel und ihrer Gegenwart überzeugt - ja haben sie sogar ganz konkret erfahren dürfen: Clemens Brentano oder Therese von Lisieux beschreiben von einem ganz selbstverständlichen Umgang - und so eben auch der Heilige Franziskus, dem durch einen Engel der Gekreuzigte selbst gezeigt wird.
Für Franziskus wird dies zu einem Ausdruck seiner ganzen Lebensweise: Christus so ähnlich zu sein, dass er sogar seine Wunden tragen darf.
"Du bist wie ein Engel" - sagt man manchesmal so leichthin - letztendlich sind es wirklich die Engel, die Gott am nähesten stehen, Ihn sehen und Ihn am besten kennen. Durch ihre Begegnung Christus immer ähnlicher zu werden und sich mit ihm zu verbinden, das ist es, was eben Franzikus mit den Engeln verbindet und ihm so Christus-ähnlich und engelhaft gemacht hat.
Vielleicht können uns diese beiden Gedenktage anregen, es ganz ähnlich zu tun: uns den Heiligen Engeln ganz anvertrauen und so Christus immer näher zu kommen.

Gesegnete Tage Ihnen allen!

27. Sonntag im Jahreskreis - Rosenkranzmonat Oktober

Liebe Pfarrgemeinde!

Es ist nicht gerade von ungefähr, dass der Oktober in der katholischen Frömmigkeit der "Rosenkranzmonat" benannt wird.
Er hat seinen Namen natürlich vom Rosenkranzfest her, dass wir mit dem 7. Oktober begehen und das auf den großen Sieg des Gebetes zurückgeht, mit dem bei Lepanto 1571 erfolgreich die angreifenden Flotten abgewehrt werden konnten, die das Abendland bedrohten.
Als Rosenkranzmonat ist der Oktober aber sicher nicht zuletzt auch deshalb in die Tradition eingegangen, weil dies gerade auch der Monat ist, an dem sich in der wendenden Pracht unserer Natur sich so wunderbar betrachten läßt, wie sehr unsere Schöpfung aus den Quellen der Ernte und des Ertrages schöpfen darf und in der Fülle der Herbststimmung auch ein Abbild der Fülle unserer Erlösung in uns aufflammt.
In wem mag nicht gerade beim abendlichen Spaziergang oder beim stillen Bewundern der phantastischen Farbenfülle in dem warm goldenen Licht unserer herrlichen Landschaft ein tiefes Gefühl großen Staunens und des Nachdenkens aufsteigen, und bei dem nun zu Ende gehenden Naturjahr aber auch der Gedanke aufkommen an das so Vergängliche, hinter dem noch einmal so leuchtend das Ewige und Überdauernde durchscheint.
Und es ist nur ein kleiner Griff in die Hosentasche, beim durchschreiten und bestaunen, den Rosenkranz in die Hand zu nehmen und all dieses hineinmünden zu lassen in das tiefe und ruhige Gebet, das unseren Herzensblick weitet und hinausführt in die tiefe Wirklichkeit, die alles staunen und erleben umfasst und über das Vergängliche hinausweist auf das dahinterliegende Ewig-zeitlose.
Was gesät und eingepflanzt wurde, was zart und fein begonnen, was dann hervorgedrungen und aufgeblüht ist und zur vollen Lebenspracht entfaltet, das dürfen wir ausschöpfen und ernten und das Vollendete genießen.
Am Rosenkranz durchdringt es uns gar nicht anders: Wir erfahren unsere Glaubensfülle, die ganze Kraft der weiten Dimension unseres Heiles an seinen Geheimnissen, die von der zarten Senkung der Empfängnis über das hervorkommen des Gottessohnes in der Geburt und der Lebensfülle, durch die Verkündigung und über das Kreuz hinaus hineinbricht in die große Ewigkeit der Auferstehung.
Der Glaubende sieht diese Wirklichkeit hinter und durch diese herrliche Natur gerade in diesem abendlichen Monat - und der Rosenkranz ist das Gebet dazu -

Einen gesegneten Rosenkranzmonat Ihnen allen!

Herbstfeste und Erntedank

Liebe Pfarrgemeinde!

Herbstfest - Erntedankfest

Es ist kein Geheimnis, dass die Kirche seit ihren Anfängen heidnische Kulte und Bräuche mitunter durchaus für die eigene Verkündigung umzudeuten und zu integrieren verstanden hat. Tempelanlagen des Sonnengottes Sol Invictus wurden so zu Christuskirchen des unbesiegbaren Sohnes Gottes Jesus Christus, der die nie untergehende Sonne des Lebens ist, und Anlagen der Minerva wurden der unbefleckten Jungfrau Maria geweiht, die das neue Leben mit Christus, der Fülle der Weisheit geboren hat.
Ganz ähnlich ist es auch mit den großen Fruchtbarkeitskulten der Antike und ihrer pantheistischen Vorstellung der verschiedenen Jahreszeiten - gerade das Geborenwerden und das Vergehen, die Urelemente von Wasser, Luft, Feuer und Erde und das Gelingen und Gedeihen beziehungsweise das Misslingen und Missernte wurde den Göttern zugeschrieben. Dass die Natur ihre eigenen Gesetzmäßigkeiten hat und nicht mit der Willkür der Götter zusammenhängt, hat der Mensch natürlich zu verstehen gelernt - und doch hat auch hier die Kirche den tiefen Zusammenhang zwischen Natur und Mensch bzw. Schöpfung und Schöpfer aufgegriffen und in die richtige Bahn zu lenken verstanden.

Leider sind zwischenzeitlich in der näheren Geschichte manchmal wieder alte heidnische Vorstellungen mit Volksbräuchen eingezogen und sind Regierungen in so manche archaische Irrwege abgedriftet - man braucht da nur an die nationalsozialistischen oder sozialistischen Herbstfestkulte mit ihren krausen Festreden zu denken, mit denen man sich da volksgemeinschaftlich eher selbst gefeiert hat und sich die Despoten in einer vermeintlichen Vorhersehung der Natur als Führer stützen ließen.
Nichtsdestotrotz: der Mensch ist eben ein Naturwesen und ist auf die Natur und seine Umgebung angwiesen - es ist aber gerade seine Gabe des Verstandes und des Denkens, die ihn darüber hinaushebt und ihn vor der Angst und der Bedrückung willkürlich naturhafter Mächte befreit: denn er ist nicht ein ohnmächtiges Schicksalswesen, sondern der Teil einer von Gott erschaffenen Schöpfung, die in ihrem natürlichem Verlauf einem Heilswege entgegengeht und in der Gott der Urgrund allen Seins Träger und Erhalter, Begleiter und Beschützer ist.
Das ist letztlich der Ursinn des Erntedankfestes: einmal im Jahr zum Ausdruck zu bringen, wie sehr wir Teil einer Schöpfung sind, die im Guten angelegt und zum Reifen berufen ist - und wie sehr wir darin mitwirken dürfen, zu ihrem Gelingen beizutragen. Damit dem Schöpfer Dank zu sagen, zeigt die Größe, zu der wir Menschen berufen sind!
Gesegnete Herbsttage Ihnen allen!

28. Sonntag im Jahreskreis

Liebe Pfarrgemeinde!

Die Kleiderfrage ist ja ein oft beliebtes Thema:
"Was ziehst Du an?"
Ob's jetzt zur Geburtstagsfeier ist, bei wichtigen Einladungen und Empfängen, zum nächsten Vereinsausflug oder einfach um auf dem neuesten Trend zu sein - schlecht angezogen und unpassend gekleidet will niemand sein.
Die Frage ist eben nur: was passt da gerade?
Vom eingeladen werden und schlecht angezogen sein geht's auch im Evangelium des kommenden Sonntags, und irgendwie scheinen damals die Menschen mit den gleichen Fragen betroffen gewesen zu sein wie wir heute.
Doch wir können uns vorstellen, dass es in den Gleichnissen Jesu weniger um den neuesten Kleidertrend geht oder um das Vorstellen von Anstandsregeln, wie man sich bei Festveranstaltungen am besten zu verhalten hat. Traurig ist, dass die eingeladenen Gäste einfach nicht zum Fest kommen wollen und ärgerlich, dass diejenigen, die da gerade noch kurzfristig hergeholt werden so gar nicht recht zur Veranstaltung zu passen scheinen. Das könnte uns fast an unsere derzeitige Situation in der Kirche erinnern: die, die dazugehören sollten, kommen immer weniger, für Außenstehende aber gewinnt Kirche mehr und mehr etwas faszinierendes - nur bleibt für sie der Inhalt doch oft fremd.
Die Grundaussage legt daher nicht so sehr den Schwerpunkt, wie man angezogen sein soll, sondern mit welcher Gesinnung man teilnimmt, sozusagen ob man die richtige Geisteshaltung "angezogen" hat. Und so steht im Menschen durchaus immer die freie Entscheidung, ob er am Lebensfest Gottes teilnehmen will und sich auch von ihm bescheinen lässt, oder ob er ablehnt, oder lieber nur als Zaungast neutral mal zuschaut. Nur über die Nebenwirkungen darf er sich dann nicht beschweren, denn weder der, der ablehnt, noch der, der unbeteiligt "nur mal zuschaut" darf dann vom Festmahl etwas erwarten. So meinen manche, die über Jahr und Tag mit Kirche und Glaube meilenweit entfernt sind, dass ihnen in Krisenzeiten plötzlich Gott beistehen müsse und wundern sich, dass ihnen vieles unerschlossen bleibt; und es wundert nicht, dass wenn man Kirche nur von Außen kennt, man dann auch den tieferen Sinn nicht versteht, den der letzte Papstbesuch[1] den vielen Gläubigen erschlossen hat.
Sich von Gott einladen und bekleiden zu lassen, ist ein Geschenk, das eigentlich nur die Mühe macht "Ja" zu Ihm zu sagen und das dann auch auszudrücken.
Wer sich dafür entschieden hat, der wird aber dann auch verstehen, was da wirklich gefeiert wird - und nur der gehört echt dazu!

Eine gesegnete Woche Ihnen allen

---

[1] Besuch Papst Benedikt XVII. in Deutschland 2011

29. Sonntag im Jahreskreis

"Gebt dem Kaiser, was dem Kaiser gehört - und Gott, was Gott gehört!"

Mit diesem Jesus-Wort aus dem Evangelium des kommenden Sonntags, liebe Pfarrgemeinde, wird so manchesmal versucht zu betonen, dass alles religiöse und kirchliche in den Raum des Privaten hineingehört und sich da geistliches und Kirche nicht in die Öffentlichkeit hineinzumischen habe. Diese Vorgaben, Religion ins rein Private abzudrängen, verfolgen wir ja schon seit langem in unseren Nachbarländern und müssen feststellen, dass diese Rufe und Tendenzen mehr und mehr auch bei uns in Deutschland stärker werden.

Unser Deutsches Staats-Kirche-Verhältnis trägt ja auch vom Grundgesetzt her dem Jesus-Wort durchaus Rechnung, denn es ist ja keineswegs so, dass Kirche und Staat in Deutschland über die Maßen miteinander verflochten wären. Jedoch haben die Väter der jungen Bundesrepublik nach den grauenvollen Erfahrungen eines ganzen Jahrzehntes zuvor erfahren müssen, dass der Staat einfach auf Werten aufbauen muss und auf Grundlagen steht, die er nicht selbst erschaffen kann. Und wenn diese menschlich und gemeinschaftlich sein sollen, dann sahen die Gründerväter die idealsten Voraussetzungen eben in den Grundlagen, die das Christentum geprägt und ausgemacht haben.

Gerade in den großen aktuellen Auseinandersetzungen um eine radikale Islamistengruppe, die aufgrund ihrer Überzeugung religiös und politisch motiviert einen religions-politischen Einheitsstaat anstrebt, gilt es noch einmal besonders bewusst unseres eigenen Staats-Kirche-Verhältnisses gewahr zu werden, und zu entdecken, wie sehr unsere gemeinsame Absprache demgegenüber zu einer stabilen, fördernden und menschlich tragenden Gesellschaftsentwicklung beiträgt!

Denn einen rein "neutralen" Staat gibt es nicht. Der Staat braucht Ausrichtungen und Zielmaßstäbe - und die Frage ist, nach welchen diese sich richten. Eine religiöse Zielvorgabe ist dabei unumgänglich und die Grundlage eines über der Welt stehenden Gottes eine vernünftige Voraussetzung für jede zusammenlebende Volksgemeinschaft. Und da Gott alles in allem ist, steht es außer Frage, dass dieses Gottesverhältnis nicht nur rein private und familiäre Zusammenhänge prägt, sondern durchaus auch auf gesellschaftliche, soziale und sogar politische Fragen Bezug nehmen muss, weil sie ja Person und Handeln mitprägt!

Letztlich steht aber die Frage nach dem Gottesbild, das dieses Wirken prägt und ausrichtet - ein brutales, rachsüchtiges, gesetzesgefangenes oder ein vergebendes, verbindendes, ein barmherzig und weitherzig gerechtes!

Jeder Bereich, Staat und Kirche, hat ihre je eigenen Auftrag und Aufgaben - und doch bedingen sich beide untereinander. Darin einen guten, gelungenen Ausgleich zu besitzen, ist ein Gut, das wir in allen Debatten um religions-politischen Missbrauch nie verlieren sollten.

II

Liebe Pfarrgemeinde!

Gerade mit der jüngsten Entscheidung des Landes Berlin und der Kirchen dort, aufgrund sinkender Schüler und Lehrerzahlen einen kooperativ-konfessionsübergreifenden evangelisch-katholischen Unterricht einzurichten, ist die Diskussion über das Staats-Kirche-Verhältnis, gerade in Berlin, wieder heiß entbrannt. Vehement wurde von einigen Intellektuellen jüngst wieder die Frage aufgeworfen, ob staatlich geförderter Religionsunterricht grundsätzlich noch einen Ort in öffentlichen Schulen haben dürfe und eine generell starke Position der Kirchen in unserem Land überhaupt noch rechtfertigbar sei. Gerade angesichts der vorherrschenden Zahl verschiedenster Kulturen, Glaubens- und Lebensüberzeugungen und unterschiedlichster Denkmodelle sei doch ein privilegierter Sonderstatus zweier christlicher Konfessionen heute von neutral zu seiender staatlicher Seite nicht mehr vertretbar. Religion dürfe und solle zwar gelebt werden dürfen, einen öffentlichen Einfluss, eine besondere Unterstützung und Verbundenheit des Staates dürfe es aber in dieser Sicht nicht geben.
Interessant ist, dass sogenannte "Privilegien", die der Staat den Kirchen scheinbar zuerkennt, dem Staat - und vor allem seiner Bevölkerung - aber durchaus von unabdingbaren Nutzen sind!
Schon der ehemalige Karlsruher Bundesverfassungsrichter E.-W. Böckenförde erkannte 1964, dass der freiheitlich-säkulare Staat von Voraussetzungen lebt, die er selber gar nicht geben kann. Aufgrund dessen braucht er Partner, die ihm diese Voraussetzungen schaffen, damit Menschen in ihm freiheitlich-demokratisch leben können. Welche Partner das sind, ist zunächst gar nicht eigens definiert. Klar ist aber, dass es Grundlagen sein müssen, die eine freiheitlich-demokratische und lebensfördernde Grundordnung hervorbringen und entwickeln. Das lässt sich nun weiß Gott nicht von allen Weltanschauungen und Religionen sagen. Dass aber gerade das christliche Welt- und Menschenbild - besonders nach den verheerenden Erfahrungen des III. Reiches und nach den zwei Weltkriegen sich als besonders starker Gegenpol zu einem rein naturhaften, volks-und materiellzentrierten Führertum und rein sozialistischen Denkweisen als befreiend human und stabilisierend erwiesen hat, nahm die junge Bundesrepublik zum Anlass, eine sinnstiftende und gesellschaftsfördernde Kooperation zwischen Staat und den christlichen Kirchen zu suchen und aufzubauen. Wir alle leben heute von den freiheitlich-demokratischen Grundlagen dieser Partnerschaft, die stillschweigend akzeptiert, aber nicht mehr als christlich erkannt wird. Grund genug, wieder der Bedeutung unserer christlichen Grundlagen im Staats-Kirche-Verhältnis gewahr zu werden! Das zur Disposition stellen dieses Verhältnisses ist ein alarmierendes Warnsignal zur Gefährdung unserer freiheitlich-demokratischen Grundordnung!

30. Sonntag im Jahreskreis

Liebe Pfarrgemeinde!

Vielleicht wird auch Ihnen am kommenden Sonntag ein Wort auffallen, das mir beim Lesen des Evangelium ins Auge gestochen ist: Dass Jesus Menschen zum Schweigen gebracht hat! Das sind wir von dem sonst so gütigen und großherzigen Jesus nicht gewohnt!
Und dabei geht es nicht um irgendwelche Menschen: es heißt, dass es dabei um die Sadduzäer ginge. Das waren zur Zeit Jesu eine der führenden jüdischen Parteien Israels, die sich aus Hohenpriestern und dem Adel zusammensetzte - eine hochangesehene Partei also. Diejenigen, denen das zu Ohren gekommen ist, waren die nicht weniger wichtigen und ebenso wegen ihrer eifrigen Lebensweise und großen Frömmigkeit hochgeachteten Pharisäer. Und nachdem sie mit ihm diskutiert und ihn ausgefragt haben, werden auch sie stumm! Es gibt ja ganz unterschiedliche Weisen, wie Menschen zum Schweigen gebracht werden können: man kann sie hochmütig überfahren und mit dem eigenen Wissen und Erlernten plattreden, man kann über sie herpoltern und sie barsch herniederwalzen, man kann sie arrogant übergehen und blasiert verachten oder mit harten Drohungen und Einschüchterungen kleinhalten.
In den vergangenen Sonntagen ist uns eine ganz andere Art vorgestellt worden:
es ist eine entwaffnende Offenheit und kluge Schlichtheit, mit der sich der Herr den Herausforderungen hinterlistiger Schläue zeigt: "..denn" - so heißt es immer wieder - "sie wollten IHM eine Falle und auf die Probe stellen". Anstelle ihn aber mit ihren Fragen in Verwirrung zu bringen, ihn in Widersprüche zu verstricken und ihn zu Falschaussagen zu verleiten, werden sie selbst entlarvt und gänzlich entwaffnet: verblüfft wenden sie sich um und gehen weg, können Ihm nichts auf seine Aussagen erwidern oder wagen es nicht mehr, ihm eine Frage zu stellen. Jesus bringt die Mächtigsten und Angesehensten seiner Zeit zum Schweigen und gibt damit vielleicht einen Hinweis auch für unsere Tage:
Christlich-sein und Christentum bedeutet eben nicht in allem alles widerspruchslos hinzunehmen, allem wohlgefällig zuzustimmen, allem nachzureden und überall nur gute Miene zu machen.
Interessant ist ja, wie in diesem Zusammenhang der Heilige Vater in der Rede im Parlament den kritischen Bundestag "zum Schweigen" gebracht hat[1]*: mahnend der Politik ihre Verantwortung ins Strammbuch zu schreiben mit dem gleichzeitigen positiven Hinweis auf manche Bemühungen der kritischsten Parteien. Und auch die entwaffnenden Hinweise auf die Grundlagen unseres Glaubens, die jeder platten Veränderungspolemik den Wind aus den Segeln genommen hat. Die ewig Uneinsichtigen reden natürlich weiter - wer aber ein wenig Verstand hat, ist überrascht, schweigt und denkt nach.*
Eine innerliche Woche Ihnen allen!

---

[1] Rede Papst Benedikt XVI. im Deutschen Bundestag am 22. 9. 2011

Monat November - Totenmonat - Lebensmonat

Liebe Pfarrgemeinde!

Vielleicht ist auch bei Ihnen der November ein Monat, der eher trübe wirkt und bei dem eher melancholische Stimmungen aufkommen wollen.
Die Felder sind abgeerntet und liegen brach da, die Bäume verlieren ihre Blätter und ihre kahlen Äste starren wie verästelte Ruinen in die Luft; die Tage werden immer kürzer, schon am Nachmittag ist es finster und alles wirkt um uns und in uns etwas düster.
Da denkt man vielleicht schon manchesmal über grundsätzlicheres nach - und nicht ohne Grund wird der November auch der "Totenmonat" genannt, an dem uns der Gedanke an das Sterben und die Erinnerung an unsere verstorbenen Angehörigen schmerzhaft wieder besonders ins Bewusstsein dringt.
Bestimmt werden diese Gedanken volkstümlich durch den "Totensonntag", durch Allerseelen und durch den Volkstrauertag, die alle in diesen Monat hineinfallen.
In der katholischen Tradition und im liturgischen Feiern hat aber "Trübsalblaser" und bittere Trauermiene in diesen Tagen ganz und gar keinen Ort. Sicher sind die liturgischen Texte ganz endzeitlich geprägt, der ganze Ernst des Ewigen Lebens wird uns regelrecht entgegengeschleudert und wir denken bewusst sowohl an den Tod unserer lieben Angehörigen wie auch uns das eigene Vergehen vor Augen gestellt wird. Es sind dies aber keine Trauerveranstaltungen, sondern geradezu das Gegenteil ist der Fall! Eingestimmt werden wir am 1. November mit einem wirklich christlichen Familienfest, das uns in der Freude geistlicher Verbundenheit mit all den beseligten Schwestern und Brüder im Himmel verbindet: Allerheiligen! Ein regelrechtes Freudenfest als feierlicher Dank an Gott, den Heiligmacher für die Fülle und das Großartige, zu denen Gott die Menschen fähig gemacht hat! Ein wenig erhalten wir in dieser Mitfreude mit unseren himmlischen Freunden auch den Ausblick auf dieses Himmelsglück, nach dem wir uns so sehr sehnen und das uns an diesem Tag herunterleuchtet! Oft überschattet vom Allerseelentag geht dieser Gedanke allzuleicht unter! Dann setzt sich unser Familienfest fort mit all denen, die uns verbunden sind und besonders auch mit jenen, an die überhaupt niemand mehr denkt! Eigentlich auch ein froher und trostreicher Gedanke: unsere Toten haben in unserer Kirche ein Stimmrecht behalten! Sie werden weder totgeschwiegen noch sind sie todvergessen, sie bleiben in unserer christlichen Familiengemeinschaft beheimatet!
Und wenn wir auch nicht wissen, ob alle die letztendliche Seligkeit in ihrer Vollform erreicht haben - es ist unser Gebet und Gedenken, das ihnen auch in ihrer Seligkeit begleitet und unterstützt, wie auch sie uns begleitend verbunden bleiben. Ist das nicht eigentlich ein Grund, sich zu freuen, dass wir uns alle gemeinschaftlich noch haben und in der Verbundenheit Gottes eine Familie bleiben dürfen? So dürften wir diese Tage nicht nur als Trauer- und Gedenktage ausgeben sondern sollten uns eher zu Freudenfeiern werden.
Dass dieser Gedanke Sie bestärke und ermutige wünsche ich Ihnen von Herzen.

Allerheiligen - 1. November

Liebe Pfarrgemeinde!

"Die Heiligen kommen wieder!" -
So hat vor wenigen Jahrzehnten der protestantische Theologe Walter Nigg ein Buch überschrieben mit Leitbildern christlicher Existenz - und damit auch ihre Bedeutung für die evangelische Kirche nahegebracht.
Die Heiligen kommen tatsächlich wieder! Nicht nur in der Wiederentdeckung verschiedener großartiger Lebensentwürfe, die heute ja weithin Anklang finden, denken wir nur an eine Mutter Teresa, an einen Nikolaus von Flüe an eine Hildegard von Bingen, Katharina von Siena und viele andere - sie kommen auch in Wirklichkeit und Lebendigkeit uns ganz nahe!
Am 1. November begehen wir das Fest aller Heiligen und werden gewahr, dass wir ständig umgeben sind von Persönlichkeiten und Lebensentwürfen, die nicht einfach in der Versenkung der Geschichte verschollen sind, sondern weiterhin eine lebendige Bedeutung für uns haben und wir ihnen Begegnen können.
Schon der Heiligenkalender stellt uns an den verschiedenen Wochentagen durch das Jahr bekannte und weniger berühmte Heilige an die Seite, mit deren besonderer Lebenshingabe und ihrer ganz eigenen Nachfolge und ihrem Auftrag sie uns begleiten und durch den Tag führen.
Mit dem 1. November aber kommen sie uns alle entgegen! Eine großartige Gemeinschaft gelungenen und geistlich geglückten Lebens, die in der Gegenwart der Auferstehung Christi uns ganz nahe sind und beiseite stehen!
Leider geht dieser Gedanke mit dem Gräberbesuch am Allerheiligentag etwas unter, und wir sehen oft nur die traurige und die schmerzhafte Seite eines Verlustes, an den uns der Allerseelentag ein Tag später erinnert.
Doch auch dieser Tag entlässt uns nicht allein in der Trauer eines verschiedenen Angehörigen und mit der notvollen Gewissheit, dass alles Leben einmal ein Ende hat und wir alle irgendwann "das zeitliche segnen werden";
Aller-Seelen bedeutet uns - ganz ähnlich wie der Feststag zu Allerheiligen - dass es ein Wiedersehen und ein Begegnen gibt!
Die in Gott verstorbenen haben weiterhin eine Stimme bei uns - und wir bei ihnen! Ob nun durch die Wegbegleitung heiliger Menschen oder in der hoffenden Erwartung auf die Vollendung - es existiert in ihnen eine Verbundenheit, in der sich Himmel und Erde berühren!
Das ist die frohe Zuversicht mit der uns diese Tage erfüllen. Dass wir es auch für uns entdecken mögen: Die Heiligen kommen wieder! Nicht nur am Allerheiligentag!

Allerseelen - 2. November

Liebe Pfarrgemeinde!

Allerheiligen und Allerseelen sind Tage, die man nicht gerade mit unbeschwerter Festfreude verbindet. Zu sehr sind damit Erinnerungen verbunden, die uns an die Schwere des Verlustes eines besonders nahen Angehörigen oder Freundes verbinden und uns aufweist, wie zerbrechlich, vergänglich und sterblich unser Leben ist.
Der Gang zum Friedhof, das Entzünden der Sterbekerze und das Winterfestmachen des Grabes nimmt einen festen Bestandteil dieser Feiertage ein, an dem wir unseren Verstorbenen gemeinschaftlich eine Stimme geben und ihre Bedeutung für uns gemeinsam gewahr werden. Für viele junge Menschen und in einer Gesellschaft der Partylaune und der unbeschränkten Lebensfreude werden diese Tage immer weniger wichtig. Das Dunkle und Traurige dieser Zeit schreckt eher ab und man möchte sich lieber den freudigeren Dingen zuwenden - nur zu verständlich. Und trotzdem: je reichere Erfahrungen man mit dem Leben macht, umso wichtiger werden diese Tage für einen jeden von uns: Es braucht ein kollektives Gedächtnis für das Bewusstsein des Todes und der Trauer - und das nicht nur für die einst so benannten "Helden des Vaterlandes" das mit dem Volkstrauertag den Opfern von Kriegen und Terror gedenkt, sondern besonders auch für jeden noch so einsam gestorbenen - eben für einen jeden Menschen.
Wenn die Kirche dem Allerseelen-Tag einen Heiligen-Tag vorausschickt, wird es aber deutlich, dass es bei einem kollektiven Todes-Trauer-Tag eben nicht bleibt! Wir Christen sehen in diesen Tagen eben mehr, als bloß das düster-traurige Erinnern unserer Verstorbenen und den sauer-moralischen Appell an die Vergänglichkeit unseres Lebens - es ist eher eine Zeit tiefer und stiller Hoffnung, die uns die Gemeinschaft über diese Welt hinaus in der Ewigkeit Gottes zusagt!

"Die Heiligen kommen wieder!" - so hat vor wenigen Jahrzehnten der protestantische Theologe Walter Nigg ein Buch überschrieben - und tatsächlich: die Heiligen kommen wieder: jedes Jahr in ihrer ganzen Gesamtheit der Glorie himmlischer Herrlichkeit! Und sie zeigen uns: Dein Leben kann gelingen! Es ist eben nicht nur geboren werden, Schule, Arbeit, essen, trinken, ein wenig Spaß und dann - das war's - Tod und aus! Wenn du dein Leben richtig ausrichtest und in den guten Zusammenhang hineinstellst, hast du den Ausblick auf das Ewige und Freie!
So entlassen uns diese Tage nicht allein in der Trauer des sterben-müssens und des Todes naher Verwandter, sie führen uns vielmehr hinein in ein Begegnen und Wiedersehen, das bereits hier in dieser Welt beginnt.
Genau deshalb sind diese Tage eben auch so wichtig: wir erfahren hier die Wirklichkeit unseres Lebens mit all ihrem Schmerz und ihrer Vergänglichkeit, aber auch das Wissen um die Wirklichkeit unserer Welt, die eben nicht mit dem Sterben einfach aufhört sondern in die Herrlichkeit Gottes hineinragt!
Gesegnete Tage Ihnen allen!

Hl. Martin von Tours - 11. November

Liebe Pfarrgemeinde!

Mit dem 11. 11. verbinden die meisten vor allem in den Fasnachtshochburgen den Beginn der "fünften Jahreszeit" und die Eröffnung der Fasnachtssaison.
Wer aber Kinder im Kindergarten hat oder in den ersten Schuljahren, der wird mit dem 11. November noch ein anderes Ereignis verbinden, mit dem man sich durch das Basteln der Laterne bereits ein wenig vorbereitet hat und das dann am frühen Abend fast zu einer heiligen Verpflichtung wird: Martinsumzug und das nette Martinsspiel mit dem Soldaten, der vom hohen Ross herabsteigt und dem Bettler seinen Mantel teilt.
In der Verbindung mit der Pfarrgemeinde und dem Kindergarten bleibt es dabei oft als kindgerechtes Ereignis stehen. Und doch ist aber dieses Thema so eindrücklich, dass man sich auch als Erwachsener gerne an dieses Erleben erinnert und gerne an diesem Tag mit seiner Botschaft wieder in Berührung kommt: Groß und Klein, Alt und Jung, Arm und Reich treffen in dieser Situation zusammen - und die Lösung zum Überwinden aller Unterschiede ist gleich: Wir Menschen sollen füreinander da sein und miteinander teilen, damit es allen gut geht!
So schlicht diese Botschaft ist, gerade an diesem Heiligen wird sie doch auch erst so richtig groß und lebendig. Und vielleicht ist es gerade das, was unverwüstlich diesen "Martinstag" bis heute so beliebt sein lässt: dass ein junger römischer Soldat in seiner christlichen Haltung einfach über die gewohnten Allüren hinausgestiegen und sich in sorgender Weise herabgebeugt hat!
Irgendwie steht die Größe dieses jungen Menschen bis heute hinter diesem Tag und lässt alle Versuche, den Heiligen Martin auf "Sonne-, Mond- und Sterne-Fest", "Laternentag" oder "Lichterabend" zu reduzieren einfach nicht gelingen.
Selbst nichtkirchliche Organisationen oder Einrichtungen kommen um diesen Heiligen nicht herum, so beliebt bleibt seine Gestalt.
Wir wissen natürlich viel mehr von ihm, als nur, dass er seinen Mantel mit dem Bettler teilte. Das ist ja nur der äußere Ausdruck für seine innere Haltung - und die macht seine Biographie so spannend: dass er eben aus heidnischem Elternhaus als Jugendlicher zum Christentum kam, als Soldat tapfer seinen Glauben bezeugte, sich zurückzog als einer der ersten Mönche des Abendlandes um dann als einer der ersten Bischöfe in Tours im Dienst der frühen Weltkirche zu stehen.
Das hat natürlich mit dem Beginn der Fasnacht wenig gemeinsam - und doch ist beiden gemeinsam eine innere Grundfreude: Im Blick auf die Realität der Welt das richtige zu tun und die Wahrheit zu leben: die Fasnacht, in dem sie mit Witz der Welt den Spiegel vor Augen hält und Martin dies durch sein Leben und sein tun!

Freuen wir uns an beiden!

31. Sonntag im Jahreskreis

Liebe Pfarrgemeinden

Mit dem vergangenen Gräberbesuch am Sonntag und dem darauffolgenden Allerseelentag ist uns das Gedächtnis an all unsere Verstorbenen noch einmal ganz bewusst geworden und in den Mittelpunkt unseres gemeinsamen Betens und Feierns gerückt. Auch wenn das weithin als belastend und drückend empfunden wird - und so manche diese Tage lieber aus ihrem Kalender gestrichen sähen, so wird mit diesen Tagen doch etwas wesentliches sichtbar, was gemeinhin das ganze Jahr über eher schnell beiseitegeschoben oder ganz verschwiegen wird:
dass wir alle sehr endliche Wesen sind und dass die Realität des Sterbens und des Todes als eine unerbittliche Wirklichkeit in dieser Welt steht.
Wie schmerzlich das erfahren werden muss, erleben all diejenigen, die in der vergangenen Zeit eines ihrer liebsten Angehörigen ziehen lassen mußten und das Schwere und Erschütternde dieser Wirklichkeit hart trifft.
In unserer Gesellschaft bleibt man mit dieser Erfahrung weithin allein - wie eh niemand wirklich diesen Schmerz gleichermaßen und in gleicher Weise je teilen kann. Und auch wenn mit mancher Selbsthilfe-Gruppe und manch recht guten psychologischen Aufarbeitungen an der eigenen Trauer gearbeitet werden kann - der Grundschmerz bleibt letztlich in der Tiefe des eigenen Herzens stehen - und auch die große Frage, nach dem wozu des Ganzen, wenn sowieso einmal alles aus sein wird.
Auch wenn gesellschaftlich einiges im Fluss ist - über die christliche Glaubens- und Bestattungskultur hinaus ist bislang keine bessere Verarbeitungsmöglichkeit und sinnstiftendere Antwort auf die Grundfrage gefunden worden - und so ist das christliche Begräbnis für die meisten Menschen unserer Breiten die beste und gefragteste Möglichkeit, mit dieser Wirklichkeit des Lebensendes umzugehen.
Die Zuversicht, dass der Verstorbene in der Auferstehung Christi weiterlebt und bei Gott eine Heimat findet, sein Leib einen sichtbaren Ort der Ruhe findet, dass immer wieder für ihn gebetet und für ihn eingestanden wird, die ganze Gemeinde an diesem Weg Anteil nimmt und man sich immer wieder gemeinsam in diesem Anliegen zusammenfindet, sind Selbstverständlichkeiten, die unterbewusst auf eine gesunde und psychisch stärkende Weise zur Verarbeitung beitragen.

Auf einen Brauch möchte ich aber doch auch in diesem Zusammenhang hinweisen, der bereits in der Sonntagspredigt angeklungen ist, und der auch noch einmal hier im Pfarrbrief seine Bestärkung erfahren möchte:
Gerade in dem Bewusstsein, dass unsere Verstorbenen nicht einfach aus der Glaubens- und Lebensgemeinschaft dieser Welt hinausfallen und vergessen sind, dass wir uns auch nicht bloß ihrer erinnern, sondern auch für sie einstehen und beten dürfen und uns bleibend ihnen verbunden wissen, war es lange Zeit üblich, am Tage der Beerdigung den Teilnehmern ein Sterbebild mit einem Gebetshinweis an die Hand zu geben, so dass

ein weiter Kreis von Freunden und Bekannten sich dem eigenen Anliegen um das Gebet anschließen konnte.
Oft ist ja mit dem Tag der Beerdigung gerade bei uns so lebendig die starke Erfahrung verbunden, dass wirklich nahezu die ganze Gemeinde an dem Ereignis Anteil nimmt und betend zur Seite steht. Dann werden noch danach in den Intentionen im Memento der Verstorbenen bei den Hl. Messen gedacht - aber danach bleibt man mit seinem Anliegen allein.
Wäre es da nicht eine gute Erfahrung zu wissen, dass in vielen Häusern ein kleines Bild des eigenen Verstorbenen ist, das uns wissen läßt, dass dort für denjenigen gebetet und gedacht wird und man sich weiterhin auch in einer Gedenkgemeinschaft verbunden weiß?
Wieviele von Ihnen besitzen nicht solcher älteren Bildchen, bei denen Sie jeweils beim Anschauen sich sofort an manche Begebenheit oder Begegnung erinnern und vielleicht ein kurzes Gebet hinaufsenden! Schade, dass dies für unsere jüngsten Verstorbenen nicht mehr gilt - denn nach so manchen Jahren besitzt doch auch der alte Spruch eine Wahrheit: "Aus den Augen - aus dem Sinn".
Das dürfte eigentlich in unserer so solidaren Gemeinschaft kein Motto sein -
und so überlegt sich vielleicht doch der Eine oder Andere bei einer der nächsten notvollen Gelegenheiten, diese sehr sinnvolle Einrichtung des Sterbebildchens wieder einzuführen.
Man könnte dazu wirklich nur Glückwünschen.
In der frohen Auferstehungshoffnung dieser Tage!

32. Sonntag im Jahreskreis

Liebe Pfarrgemeinde!

Wenn wir im Schatten des Münsterplatzes in der lichten Vorhalle des Freiburger Münsters stehen - noch bevor wir durch das große Eingangsportal mit seinem Heilsbogen hindurchschreiten, empfangen uns rechter und linker Hand bereits eine ganze Figurenreihe filigran aus Stein gehauener Statuen. Linker Hand sehen wir verschiedene Frauengestalten, an deren Ende ein gelockter Christus steht, feierlich mit dem Evangelium in der einen Hand, mit der anderen freundlich in das Freiburger Münster einladend. Die Frauen sehen fröhlich und gelöst aus, ganz anders als die Frauen auf der rechten Seite. Dort sehen wir sie klagend und jammernd, mit schmerzverzerrten Gesichtern vor sich hinschauend. Was die Frauen der beiden Seitenreihen noch unterscheidet ist, dass die fröhlichen Damen auf der linken Seite hocherhoben Steinlämpchen in ihren Händen tragen, während auf der Rechten die jammernden Klageweiber ihre Lampen nach unten halten. Da ist eben nichts mehr drin: kein Öl, kein Licht. Wir ahnen es bereits: uns empfangen vor dem Eintreten in den Heilsraum der Kirche die klugen und törichten Jungfrauen aus dem Matthäusevangelium wie vor der Türe des Hochzeitsmahles mit dem Bräutigam. Sie laden uns beim Eintreten ein, mit wachem Glauben und fröhlicher Hingabe hineinzutreten in den Ort, in dem Jesus selbst Bräutigam und Festgastgeber ist: wirklich eine Art Hochzeitsfest, bei der wir uns mit Jesus verbinden und vereinen, in der Freude einer nicht endenden Gemeinschaft. Beim Austreten schauen wir auf die linke Seite - da sind die Frauen uns Mahnerinnen: diesen Glauben und diese fröhliche Hingabe, nie zu verlieren! Denn wenn wir nun draußen stehen im Alltag, der raue Wind der alltäglichen Kleinigkeiten uns umweht und der weltliche und laute Umtrieb des Marktplatzes unserer Welt uns einnimmt, kann es schnell sein, dass es plötzlich Alle ist: das Öl unseres Glaubens und der inneren Frömmigkeit, der gelebten Tugenden und der christlichen Orientierung. Wir erleben es ja gerade zur Zeit wieder so sichtbar, wie beliebte und bekannte Persönlichkeiten oder starke und bedeutende Firmen im Sog materieller Befriedigung und gesellschaftlicher Gepflogenheiten soziale Grundsätze über Bord werfen und mit dem Schlupfloch randhafter Legalität sich gemeinschaftlicher Verantwortung entziehen. Da mögen die Krüge der Geldbeutel und des Firmenhaushaltes gut gefüllt sein - doch was ist, wenn unerwartet "die letzte Stunde" geschlagen hat?

"Es nimmt niemand etwas mit" - sagen nicht nur die klugen Jungfrauen, sondern jeder wirklich Kluge, der mit dem gefüllten Becher des Glaubens über das kurzfristige Eigentums-scheffeln hinausschaut und das Ewige mit im Blick hat!

Das Freiburger Münster macht es uns ganz anschaulich: das Gleichnis von den törichten und klugen Jungfrauen. Die Frage ist, zu welcher Seite wir dazugehören wollen...

Eine kluge Woche Ihnen allen!

Volkstrauertag

Liebe Pfarrgemeinde!

Der Volkstrauertag, den wir im November begehen, ist kein kirchlicher Gedenktag und müsste eigentlich nicht im Leitartikel unseres Pfarrblattes Erwähnung finden. Und doch ist dieser Tag für unser Land bedeutsam und vielleicht eben deshalb dennoch hier auch eine Benennung wert.
Die Frage, die sich mit diesem Gedenktag immer häufiger stellt ist nämlich: brauchen wir einen solchen Tag überhaupt noch? Die Weltkriege sind längst Vergangenheit, die Zahl der davon betroffenen Bevölkerung immer geringer - und wird dieser Gedenktag nicht weithin als bloße Verpflichtung angesehen, den die Bundeswehr und unsere Kommunen pflichtmäßig mit dem Gang zum Kriegerdenkmal abgehen?
Auch wenn die Zahl der von den Weltkriegen betroffenen Personen nicht mehr sehr groß sein mag – der Tag hat gerade aufgrund seines geschichtlichen Hinweises auf die dunkle Seite unseres Landes eine wichtige Bedeutung behalten! Wer die Vergangenheit nicht kennt und ihr nicht ins Auge sehen will, der wird die Gegenwart nicht verstehen und erst recht nicht den Blick für die Zukunft haben können!
Dieser Tag verbindet uns mit unzähligen Schicksalen unserer Landsleute. Menschen, die nicht immer aus eigenem Willen und aus persönlichem Verschulden in die Wirren der kriegerischen Verhängnisse verstrickt wurden – und er lädt uns ein, gerade in diesen Tagen über nationale und kulturelle Grenzen hinweg uns an die Opfer der Kriege und Terrorherrschaft zu erinnern, an sie zu denken und für sie zu beten! Wir bewahren ihre Gräber, weil sie Mahnmale gegen Krieg und Vergessen sind.
Die Kreuze auf ihren Gräbern sind aber zugleich auch Zeichen tiefer Verbundenheit unserer Geschichte: nämlich unseres christlichen Ursprunges, aus deren Besinnung Gegenwart sich erst als wahre, friedvolle und menschliche Zukunft eröffnet, die Menschen, Völker und Kulturen miteinander verbindet; die aber so leicht in Gefahr steht, in das Gegenteil verkehrt und pervertiert zu werden. Und das gilt nicht nur für die Vergangenheit, sondern diese Gefahr besteht durchaus auch heute.

Dass uns das immer bewusst bleibt und wir aus den Dramen unserer Geschichte und ihrer Aussöhnung für unsere Zukunft uns zu mahnen bereit sind, behält der Volkstrauertag auch heute seine sinnvolle Bedeutung.

Eine gesegnete Novemberwoche Ihnen allen!

Hl. Cäcilia - 22. November

Liebe Pfarrgemeinde!

Mit dem Gedenktag der Heiligen Cäcilia, den wir am 22. November begehen, ergibt sich die gute Gelegenheit, an dieser Stelle einmal unsere Kirchenchöre in den besonderen Blickwinkel unseres Leitartikels zu lenken!
Auch wenn sicher die Legende von der bei ihrer Hochzeit Orgel spielenden frühchristlichen Cäcilia erst eine spätere Erfindung sein mag und es wohl eher zutrifft, dass sie bei dem Klang der Saiten- und Blasinstrumente ihres Hochzeitmahles "in ihrem Herzen sang und den Herrn bat, dass er ihr Herz unbefleckt erhalten möge", was sich dann in ihrer Treue beim Martyrium auch später erweisen sollte, so dürfen wir um diese Fehldeutung ihrer Heiligenvita doch dankbar sein, denn sonst hätte unsere Kirchenmusik und unsere Kirchenchöre eine wunderbare Patronin verloren und der Cäcilienverband, der sich um den erhalt und die Pflege kirchenmusikalischer Ausdruckskraft müht, müßte sich einen anderen Namen suchen, der sicher nicht schöner und besser klingen würde.
Jedes Jahr feiern sie sie: unsere Kirchenchöre, Vorstände, Organisten und Chorleiter unsere Heilige Cäcilia mit einer eigenen Feier, bei der nicht nur im Herzen, sondern mit der ganzen Ausdruckskraft der Stimme und der Orgel zu ihrem Patronat das Lob Gottes erhoben wird und im anschließenden geselligen Zusammenkommen eine freundschaftliche und verbundene Gemeinschaft gepflegt wird.
Was aber bei der jährlichen Cäcilienfeier zum Ausdruck kommt, ist ja aber nur der vereinstechnische Ausdruck für das, was sich das ganze Kirchenjahr über vollzieht und als Kernkraft gelebt wird. Kirchenchöre und die Kirchenmusik sind nicht einfach nur das "verschönernde Beiwerk" eines Gottesdienstes, das mal "recht nett" ist, auf das man aber auch verzichten könnte –
der Anspruch geht durch die jüdische und christliche Religionsgeschichte hindurch, "integrierender Bestandteil der feierlichen Liturgie" zu sein, die nicht weniger "als die Verherrlichung Gottes und die Heiligung und Auferbauung der Gläubigen" zum Ziel hat, wie es die Liturgiekonstitution des II. Vatikanischen Konzils ausgedrückt hat.
Somit ist die Kirchenmusik kein paralleles "Beiwerk" zum gottesdienstlichen Handeln, sondern sie muss "die Liturgie begleiten, unterstützen, erheben und sich ganz in sie hineinfügen. Erst so wird sie wahrhaft und eigentlicher Teil des liturgischen Geschehens."
Ohne unsere Kirchenchöre und unsere Kirchenmusik wären damit nicht nur unsere Gottesdienste ärmer und öder, es würde ein grundlegendes liturgisches Wesenselement fehlen - und die Tragweite würde uns dann erst so richtig bewusst werden, wenn wir sie nicht mehr hätten: unsere Chöre, Organisten und Musiker.
Von daher dürfen wir zum Fest der Heiligen Cäcilia an dieser Stelle einmal dafür ein ganz herzliches "Vergelt's Gott!" sagen und von Herzen allen danken, die sich in unseren Chören und musikalisch über das ganze Jahr hindurch Einbringen und so einen für uns allen so wesentlichen Dienst beitragen!

Vielleicht kann uns der Gedenktag der Heiligen Cäcilia ja ein wenig ermuntern, die Freude an der Kirchenmusik deutlicher werden zu lassen und den ein oder anderen ermutigen, da doch mitzutun!
Für die eigene Erfüllung lohnt sich das allemal!

33. Sonntag im Jahreskreis - Firmung

Liebe Pfarrgemeinde!

"Wozu brauch ich eigentlich die Firmung?" *- so ähnlich fragten vor über einem halben Jahr einige Jugendliche, als die Vorbereitung zur diesjährigen Firmspendung begann. Ja - wozu eigentlich?*
Der neue Jugendkatechismus Youcat bringt es ganz schlüssig auf den Punkt:
Die Firmung ist das Sakrament, das die Taufe vollendet und in dem wir mit der Gabe des Heiligen Geistes beschenkt werden..." (Y. 203).
Somit könnten wir auf die Frage antworten: Die Firmung brauchst du, damit du den richtigen Geist bekommst! Durch den Heiligen Geist wissen wir, was wir zu tun haben, spüren Seine Hilfe und entdecken Seine Kraft in uns.
Dies sagt Gott uns durch die Kirche zu, nimmt uns vollständig in seine kirchliche Gemeinschaft mit hinein und führt uns ganz hinein in seine innere Wahrheit.
Wörtlich heißt "firm'are" ja bestärken, feststehen lassen. Eigentlich eine schöne Zusage an unsere Jugendliche und uns alle, die wir bereits gefirmt wurden: feststehen zu können in den verschiedenen Stürmen und Böen unseres Lebens und uns bestärkt zu wissen auf dem Weg, den wir Zeit unseres Lebens unterwegs sind!
Am kommenden Sonntag werden 56 Jugendliche aus unserer Seelsorgeeinheit das Sakrament der Firmung erhalten - diesesmal durch einen eigentlichen Firmspender, denn das sollte immer ein Bischof sein, um die Verbundenheit mit der weltkirchlichen Gemeinschaft auszudrücken. Für unsere Jugend wird es in diesem Jahr Weihbischof Rainer Klug sein, der sie salbt und ihnen die Hände auflegt.
Doch ist das Firmereignis nicht nur ein bewegendes Ereignis für unsere Jugendlichen und ihre Familien allein. Eigentlich ist es eine innere Erneuerung auch für uns alle, denn mit der Firmung wird der Heilige Geist herabgerufen, dieses Jahr 56 mal - und das hat schon eine gewaltige Kraft, die nicht nur den Kirchenraum am Sonntag ausfüllt, sondern sich richtig über unser Oberes Wolftal ausbreitet! Und wenn wir bedenken, dass an diesem Wochenende allein im Kinzigtal über 500 Jugendlichen den Heiligen Geist empfangen, dann ist das für unserer Region ein regelrechtes Geistereignis!
Vielleicht ist dieses Ereignis dieses Jahr auch für uns wieder ein Anlass, über unser eigenes gefirmt-sein etwas nachzudenken und sich über seinen tiefen Gehalt etwas mehr zu informieren - vielleicht ja auch mit dem neuen Youcat, der uns ganz zeitgemäß die Tiefe unseres Glaubens vermitteln kann!

Eine geisterfüllte Firmwoche Ihnen allen!

33. Sonntag im Jahreskreis

Liebe Pfarrgemeinde!

Je näher wir auf das Christkönigsfest zugehen, desto stärker rücken die Lesungen und Evangelien der Gottesdienste den Blick auf das Endzeitliche und stellen uns den Ernst des Umgangs mit dieser endlichen Wirklichkeit vor Augen. Waren es vergangenen Sonntag die zehn Jungfrauen, die klug oder töricht mit einer Vorsorge ihrer brennenden Öllampe auf das sich öffnende oder geschlossene Endzeit-tor zugegangen sind, sind es diesen Sonntag Diener eines Herrn, die weitsichtig oder eben auch ganz kleinlich mit erhaltenen Talenten umgegangen sind und am Ende ihre Rechenschaft über ihren Umgang damit abzugeben haben. Am Christkönigsfest wird es dann das Verhalten zum Herrn selber sein, der sich in der Zuwendung und der Aufmerksamkeit zu den Ärmsten, Gefangenen und Kranken als sein Ebenbild widerspiegelt.
Es geht um die Zeit, die uns geschenkt ist und in der wir das Bestmögliche aus unserem Leben herausholen können! Die Frage nach dem Bestmöglichen beantwortet natürlich jeder auf seine eigene Weise und nach seinen eigenen Erwartungen, Ansprüchen und Mitteln, die ihm gegeben sind. Sie wird aber wirklich und letztendlich erst richtig aus dem Blick des Endgültigen beantwortet werden können. Was gerade und jetzt so wesentlich und bedeutsam erscheint, wird an der letzten Grenze unseres Lebens vielleicht belanglos und bedeutungslos werden. Und es wird dann erschrecken, wie verächtlich beiseite geschobene Gelegenheiten, Möglichkeiten und Ansprüche als nicht mehr einholbar vertane wertvolle Chancen erkannt werden. Die Perlen unseres eigenen Lebens, an die wir so gerne im Nachhinein denken, sind oft gar nicht die großen, vermeintlich wichtigen und gerade damals als unabdingbar erscheinenden Handlungen, sondern oft ganz unscheinbare, kleine und zufällige Begebenheiten und unerwartete Begegnungen. Diesen wesentlichen Augenblicken unseres Lebens Möglichkeiten zu geben, den Blick und den Raum zu eröffnen für die tiefen inhaltlichen Dimensionen unseres Lebens und in der Haltung der Zuneigung, der Zuwendung und der Aufmerksamkeit für Menschen und Begebenheiten, die mit dem Blick auf das Letzte hin tragen,
das ist die Chance, auf die uns die frohe Botschaft dieser Tage hinweisen möchte.

Eine dazu nutzende Zeit Ihnen allen!

Christkönig

Liebe Pfarrgemeinde!

Könige sind ja eigentlich passée!
Zumindest in unseren Breiten. In England, Spanien, Belgien, Schweden und Norwegen gibt es zwar noch Königshäuser, doch lange nicht mehr als absolute Monarchen - und immer unverblümter wird dort der Protest laut, die Ausgaben und der Lebensstil dieser Hofstaaten verschlinge zuviel Geld, sei zu aufwändig und volksfern - und gewisse politische Stimmen fordern regelmäßig deren Abschaffung.
Andererseits fasziniert dieses Erbe absoluter Machtausübung und das Mondäne dieser Herrschaftstradition, und gerne lässt man sich entführen in diese Welt des Reichen, Schönen und Umfassenden. Nicht zuletzt auch deshalb, weil man in diesen Familien die Identität des eigenen Landes sucht und man in ihnen als Repräsentanten des Landes auch all das sehen möchte, was einem selbst wichtig und wertvoll ist. Und auch wenn bei uns diesen Platz unsere Politiker einnehmen, von denen wir Einsatz und Verantwortung für das Land, gerechtes Handeln und integre Vorbildfunktion ihres Lebensstils erwarten – und über deren Versagen wir uns mächtig aufregen - so bleibt doch im Grunde das Königtum ein Urbegriff, der sich über alle verschiedenen Staatsysteme und Regierungsformen durchträgt:
Ein Idealbegriff eines Wesens und Handelns, in dem sich alle Glieder der Gemeinschaft wiederfinden, verstanden und aufgehoben wissen, in der die Grundordnung des eigenen Lebens gesichert ist und in denen man nach außen das Eigene verkörpert sieht.
Dieser grundlegende Gedanke ist bereits als archetypisches Urbild in der Bibel zu entdecken, wenn wir an König David und die Königsdynastien des alten Bundes denken. Der König des Neuen Bundes ist eindeutig Christus, der den Inbegriff des Königtums zusammenfasst – so jedenfalls sah man es in den 1920er Jahren, als das Christ-Königsfest feierlich eingeführt wurde.

"Wo das Reich Gottes stark wird, lebt der Mensch" - diese Aussage eines großen Kirchenvaters fasst sicherlich das große Christkönigsfest zusammen: der Glaube an Jesus Christus, dem Alpha und dem Omega der Welt, schafft eine Beziehung und eine Verbindung, die den Menschen neu orientiert und gründet in dem, was ihm zutiefst entspricht und er sich dann auch dementsprechend ideal entfalten kann.
Diese Beziehung ist universal und allumfassend und bindet alle Menschen in dem Einen, der sich ihnen nicht nur eben als "König", sondern darin ebenso als "guter Hirt" zeigt.
Erst in dieser Gesamtschau können wir die Größe fassen, mit der Gott über und in seiner Schöpfung waltet und letztlich die Menschheit hinausführt in ein Reich, das wir "den Himmel" nennen.

So wünsche ich Ihnen allen ein gesegnetes Christ-Königsfest!

Abschluss des Kirchenjahres

Liebe Pfarrgemeinde

Eigentlich denken wir jetzt noch so gar nicht an Jahresschluss!
Auch wenn die Landschaft mit dem Schneefall den Winter eingeläutet hat und die Gewerbe schon mutwillig weihnachtliche Stimmung erkämpfen wollen – bis Weihnachten sind es doch noch viele Wochen und an das Ende des Jahres denken wir heute eigentlich noch nicht so recht!
Und doch ist für die Kirche mit dem Christkönigssonntag das Kirchenjahr zu ende.
Wir feiern mit ihm „Jahresschluss".
Dabei sind auch die Texte der Liturgie ganz endzeitlich geprägt: uns wird in besonderer Weise die Wiederkunft Christi und das Letzte Gericht vor Augen gestellt – und dabei kommt ein wesentlicher Grund unseres christlichen Glaubens zum Ausdruck.
Wir sind es häufig gewohnt, an Jesus von Nazareth zurückzudenken, wie er vor 2000 Jahren gelebt hat. Die Zukunftsdynamik vom KOMMEN des Herrn aber ist oft dem realen Bewusstsein unseres Glaubenslebens weit entfernt. Dabei ist dies gerade auch Grundkern des Christlichen, an die Gegenwart des erhöhten Christus in der Feier der Hl. Messe und beim Empfang der Hl. Kommunion zu glauben. Und beten wir nicht immer wieder: „zu uns komme Dein Reich"?
Wir stehen in dieser Woche unter dem Eindruck der drängenden Dynamik der ablaufenden Zeit – nicht nur, weil die Tage kürzer und die Nächte länger werden – und das große Endfest dieses Jahres ist die krönende Klammer dieser Kirchenzeit! In Christus dem König wird die Heilszeit dieses Jahres zusammengefasst und erschließt gleichzeitig uns für die Zukunft: ER ist das Alpha und das Omega, in IHM ist Zeit und Ewigkeit. In IHM ist alle erlebte Zeit unseres Jahres geborgen, mit IHM haben wir dies Jahr verbracht und gleichzeitig weitet ER uns den Blick über unser Leben hinaus und eröffnet uns das Reich des Vaters.
Lassen wir uns in diesen dunklen Tagen von der frohen Zuversicht unseres Christus-Königs leiten, dass der Erdenweg gleichzeitig auch der Himmelsweg ist und wir unser Leben in die Hand Gottes empfehlen dürfen!

Ihnen allen ein gesegnetes Christkönigsfest und einen guten Abschluss unseres Kirchenjahres!

Zum Advent

Liebe Pfarrgemeinde!

Obwohl ja schon seit vielen Wochen Christstollen, Spekulatius, Nikoläuse und allerlei Weihnachtsgebäck in den Regalen der großen Kaufhausketten uns entgegenlachen - so ganz möchte man es noch gar nicht glauben:
Es ist Advent geworden!
Nach dem langen und schönen Herbst und den etwas regnerischen letzten Tagen kommt es uns so vor, als hätten wir doch noch etwas mehr Zeit - aber - so sagen viele - : "es geht alles so schnell - schon 1. Advent!". Und als würde damit eine neue Epoche beginnen, scheint alles in reiner Torschlusspanik schon aufgehetzt, mit dem Blick, dass ja bald wieder alles vorbei sein wird und man bis dahin alles erledigt haben muss.

Dabei ist ja mit dem Advent eigentlich noch "Zeit". Erst recht haben wir ja im Grunde jetzt die Zeit, uns auf das Weihnachtsgeschehen einzustimmen und vorzubereiten.
Der ursprüngliche Geist des Adventes war der einer "Bußzeit" - daher auch die violette Farbe der liturgischen Gewänder und das schlichte des Kirchenschmuckes. Tanz - und Spielveranstaltungen waren untersagt, große Feste wurden verlegt und auch zuhause wurde gefastet und war es etwas kärglicher. So half die äußere Stimmung eher nach einer Besinnung nach Innen.
In unseren Tagen scheint gerade das Gegenteil der Fall zu sein. Bereits weihnachtliche Veranstaltungen und Feiern jagen einander, die Weihnachtgutsel sind im Advent schon fast alle aufgegessen, man scheint mit Lichterketten und Kerzendekorationen einander übertreffen zu wollen, alles muss bereits zum 1. Advent geschmückt und hergerichtet sein - äußerliches Wohlfühlen will erzeugt werden - so dass diese Zeit wirklich eher zu einer gehetzten Zeit als zur Ruhezeit wird. Dabei bleibt aber leider oft die innere Stimmung etwas auf der Strecke, so dass man froh ist, wenn mit Weihnachten alles vorbei ist. Dabei beginnt's damit doch erst - doch dazu fehlt dann weiterhin die Kraft, und erlebt hat man ja eh alles bereits.
Vielleicht muss man aber ja auch nicht alles mitmachen. Mal die Lichterkette erst nach dem 4. Advent aufstellen, sich mit dem Adventskranz begnügen und die umfangreiche Deko und den Weihnachtsbaum erst wirklich kurz vor Weihnachten aufstellen, das Plätzchenessen mal auf Weihnachten aufsparen, abends mal zu Hause bleiben und den Fernseher aus lassen, als Verein mal keine "Adventsfeier" anbieten...
Wie wir Zeit haben und nutzen - ja das liegt eigentlich auch an uns selbst. Oder ?

Eine besinnliche und ruhige innerliche Vorbereitungszeit des Advent Ihnen allen!

Themenverzeichnis mit Bibelstellen der Lesungstexte

Printed by Books on Demand GmbH, Norderstedt / Germany